Το Τυχερό Αστέρι της Τζασμίν

«Θα έρθει τελικά να σε δει;»

Δεν κατάλαβα τι ακριβώς εννοούσε η Πόπι.

«Ποιος;»

«Ο μπαμπάς σου. Θα έρθει να σε δει στην παράσταση;»

Ξαφνικά στο στομάχι μου φτερούγισαν πεταλούδες.

«Τι να σου πω; Δεν το σκέφτηκα καν... Δεν ξέρω. Νομίζω πως ναι...»

«Καλό αυτό! Έτσι δεν είναι;» είπε η Πόπι. «Γιατί έτσι θα δει πόσο καλή είσαι και μπορεί ν' αλλάξει γνώμη και να συμφωνήσει να συνεχίσεις τα μαθήματα μπαλέτου και στο γυμνάσιο!»

Θέλω να γίνω Μπαλαρίνα

Το Τυχερό Αστέρι της Τζασμίν

Ann Bryant

Μετάφραση
Κατερίνα Παπαδημητρίου

αγκυρα

Οι εκδότες θέλουν να ευχαριστήσουν τη Σάρα Μάθιους
του Central School of Ballet για τη βοήθειά της.

Πρώτη έκδοση, 2004, by Usborne Publishing Ltd.

Λάμπρου Κατσώνη 271 & Γεωργίου Παπανδρέου
Άγιοι Ανάργυροι, Τ.Κ. 13562
Τηλ.: 210 2693800-4, Fax: 210 2693806
e-mail: agyra@agyra.gr • www.agyra.gr

Τίτλος πρωτοτύπου: *Ballerina Dreams / Jasmine's lucky star*

Επιμέλεια-Διορθώσεις: Νέστορας Χούνος

ISBN: 960-422-340-2

1 Η Κρίσιμη Καμπή

Γεια σας! Με λένε Τζασμίν. Οι φίλες μου με φωνάζουν Τζαζ. Αυτή τη στιγμή που σας μιλάω είμαι πολύ χαρούμενη γιατί η Πόπι και η Ρόουζ, οι καλύτερές μου φίλες, έρχονται να περάσουν τη νύχτα στο σπίτι μου. Για να είμαι ειλικρινής, θα προτιμούσα να ερχόταν μόνο η Πόπι, για να μπορέσουμε να προχωρήσουμε τον χορό μας. Ετοιμάζουμε μόνες μας τη χορογραφία και πρέπει οπωσδήποτε να μας πετύχει, μια και προορίζεται για την παράσταση που θα παρουσιάσουμε στο τέλος του τριμήνου.

Η Πόπι κι εγώ δεν πηγαίνουμε στο ίδιο σχολείο, αλλά κάνουμε μαζί μπαλέτο κάθε Τρίτη και συχνά ανταλλάσσουμε επισκέψεις. Η Πόπι φτάνει από λεπτό σε λεπτό, η Ρόουζ όμως θα καθυστερήσει λιγάκι, για να μας αφήσει χρόνο να δουλέψουμε πάνω στον χορό μας.

Μου φαίνεται, όμως, πως το ρήμα «δουλεύω» δεν είναι η κατάλληλη λέξη, γιατί το μπαλέτο είναι η πιο αγαπημένη μας ασχολία στον κόσμο.

«Τζασμίιιιν!»

Είναι η φωνή της μαμάς, που με φωνάζει από κάτω. Η μαμά είναι Γαλλίδα, γι' αυτό κι έχει μια ελαφρά ξενική προφορά. Βάζω στοίχημα, πως ξέρω τι ακριβώς θέλει.

«Τα τελείωσα, μαμάν», της απαντώ. (Την φωνάζω πάντα «μαμάν», γιατί έτσι προφέρεται στα γαλλικά η μαμά).

«Δεν μπορώ να μιλάω με την πόρτα, Τζασμίν!»

Βγαίνω στο κεφαλόσκαλο και γέρνω πάνω στα κάγκελα.

«Αλήθεια σου λέω. Τα έχω τελειώσει όλα».

«Μπράβο το κορίτσι μου. Ο μπαμπάς θα χαρεί πολύ».

Στα χείλη της απλώνεται ένα χαμόγελο, ενώ μέσα μου απλώνεται μια τρεμούλα. Έτσι αισθάνομαι απέναντι στον μπαμπά μου. Αυτές τις μέρες λείπει σε ένα ιατρικό συνέδριο, αλλά –ντρέπομαι που το λέω– μου αρέσει όταν λείπει από το σπίτι.

Είναι, βλέπετε, τόσο αυστηρός, πιο αυστηρός απ' όλους τους μπαμπάδες όλων μου των φιλενάδων. Και το χειρότερο: δεν εγκρίνει το μπαλέτο. Πιστεύει ότι υπάρχουν πολύ πιο σημαντικά πράγματα, με τα οποία θα 'πρεπε να ασχολούμαι, όπως –για παράδειγμα– το διάβασμα στο σπίτι.

Έχω κι έναν δάσκαλο που έρχεται στο σπίτι και μου κάνει ιδιαίτερα μια φορά την εβδομάδα, πράγμα που σημαίνει ακόμα περισσότερη δουλειά. Επιπλέον, έχω και τη μελέτη του πιάνου «πέντε φορές την εβδομάδα από είκοσι λεπτά το λιγότερο, κάθε φορά», όπως λέει ο καθηγητής του πιάνου. Όλα αυτά μού χαλάνε τη διάθεση. Εγώ θέλω ν' ασχολούμαι μόνο με το μπαλέτο!

Ο μπαμπάς λέει, πως μόλις γίνω έντεκα χρόνων θα πάω σ' ένα σχολείο που λέγεται Μάνσονς, κι εκεί τα πράγματα είναι πολύ σκούρα. Ο αδελφός της Ρόουζ ξέρει κάποιον που σπουδάζει εκεί, και του έχει πει ότι κάθε τρεις και λίγο γράφουν διαγωνίσματα – και μάλιστα, πρέπει να παίρνουν πολύ καλούς βαθμούς. Έτσι, μόλις αποφοιτήσουν, μπορούν να γίνουν δικηγόροι ή τραπεζίτες ή γιατροί ή Γενικοί Διευθυντές, ή κάτι τέτοιο, τέλος πάντων.

Κι αυτό ακριβώς είναι το πρόβλημα. Εγώ δεν θέλω να γίνω τίποτα απ' όλα αυτά. Το μόνο που θέλω εγώ είναι να γίνω μπαλαρίνα. Ο μπαμπάς βέβαια δεν το ξέρει αυτό και, για να είμαι ειλικρινής, *ούτε* που τολμώ να του το πω. Έτσι και το μάθει, θα γίνει έξαλλος και το πιθανότερο είναι να με σταματήσει αμέσως από το μπαλέτο.

Το περασμένο τρίμηνο, που είχα εξετάσεις μπαλέτου κι έπρεπε να παρακολουθήσω μερικά επιπλέον μαθήματα, ενοχλήθηκε πολύ. Αυτή τη στιγμή, έχω μονάχα ένα μάθημα την εβδομάδα. Δεν τον πειράζει, γιατί έτσι δεν επηρεάζεται το διάβασμά μου στο σπίτι, ούτε η παραπάνω δουλειά που μου δίνει ο προγυμναστής μου, ούτε η μελέτη μου στο πιάνο. Βλέπετε, δεν έχει πάρει είδηση πόσες ώρες περνάω μελετώντας μπαλέτο στο δωμάτιό μου.

Αλλά, το χειρότερο απ' όλα είναι ότι ο μπαμπάς θέλει να εγκαταλείψω τον χορό, μόλις τελειώσω το δημοτικό.

Παλιά, πίστευα ότι θα περνούσαν αιώνες μέχρι να 'ρθει αυτή η ώρα, κι ότι μέχρι τότε ο μπαμπάς θα είχε αλλάξει γνώμη, αλλά αυτή τη στιγμή είμαι ήδη δέκα χρόνων και μου φαίνεται πως η ώρα που φοβόμουν, φτάνει τρέχοντας.

Η Ρόουζ δεν σταματάει να λέει, ότι μια απ' αυτές τις μέρες θα πει στον πατέρα μου «μιαδυο κουβεντούλες». Με τη Ρόουζ δεν είμαστε φίλες όσον καιρό είμαστε με την Πόπι, που σημαίνει ότι η Ρόουζ δεν έχει τύχει να γνωρίσει τον μπαμπά μου.

Η Πόπι κι εγώ προσπαθήσαμε να της εξηγήσουμε ότι ο πατέρας μου δεν ανήκει στην κατηγορία των μπαμπάδων που μπορεί κανείς τους πει «μια-δυο κουβεντούλες», η Ρόουζ, όμως, δεν εννοεί να καταλάβει πόσο αυστηρός είναι.

«Όπου να 'ναι έρχεται η Πόπι, σερί», λέει η μαμά. «Συγύρισες το δωμάτιό σου;»

Της γνέφω καταφατικά. «Ναι! Έχω τελειώσει το διάβασμα κι έχω τακτοποιήσει το δωμάτιό μου».

«Α! Να την! Ήρθε!» λέει η μαμά ακούγοντας το κουδούνι της εξώπορτας.

«Άσ' το! Ανοίγω εγώ». Κατεβαίνω τρέχοντας τις σκάλες και φτάνω στην πόρτα πιο μπροστά απ' αυτήν.

Στο κεφαλόσκαλο στέκεται η Πόπι με την τσάντα, τα μαλλιά της τραβηγμένα σε κότσο, την κορδέλα του μπαλέτου στο κεφάλι κι ένα πλατύ χαμόγελο στα χείλη.

«Γεια σου, Τζασμίν. Κοίτα εδώ!»

Τραβάει απότομα κι ανοίγει τα κουμπιά του τζιν μπουφάν της. «Δες! Είμαι έτοιμη! Φοράω ήδη το κολάν μου κάτω από το μπλου τζιν».

Εκείνη τη στιγμή εμφανίζεται η μαμά, κι αμέσως η Πόπι γίνεται κατακόκκινη από ντροπή. Είναι κάτι που της συμβαίνει συχνά. Έχει, βλέπετε, ανοιχτόχρωμο δέρμα με φακίδες, που απ' τη μια μπορεί να ταιριάζει με τα υπέροχα καστανοκόκκινα μαλλιά της, απ' την άλλη, όμως, κοκκινίζει πολύ εύκολα.

«Γεια σου, Πόπι. Χαίρομαι πολύ που σε βλέπω».

Πίσω από την Πόπι διακρίνω μέσα στο αμάξι τη μαμά της, που χαμογελά και που μας γνέφει με το χέρι.

«Μια στιγμή, να δω τι ώρα θέλει να έρθει να σε πάρει η μαμά σου αύριο», λέει η μαμάν, χτυπώντας την Πόπι στον ώμο, καθώς περνάει δίπλα της.

«Όσο το δυνατόν πιο αργά», φωνάζω εγώ, τραβώντας την Πόπι μέσα στο σπίτι. «Έλα! Πάμε γρήγορα στο δωμάτιό μου».

Με το που κλείνει η πόρτα του υπνοδωματίου πίσω μας, η Πόπι ορμάει στο κρεβάτι μου και ξεφορτώνεται το σακίδιό της από τους ώμους.

«Είμαι πολύ χαρούμενη! Έχουμε όση ώρα θέλουμε στη διάθεσή μας. Συμφωνείς; Θέλω, την Τρίτη, η μις Κοραλί να μείνει πολύ ευχαριστημένη, όταν δει πόσο σκληρά δουλέψαμε. Μέχρι ποιο σημείο έχεις ετοιμάσει το χορευτικό;»

Άλλαζα, στρώνοντας το κολάν μου και βάζοντας το κορμάκι μου. «Το ετοίμασα *ολόκληρο,* γιατί μ' άρεσε πολύ η μουσική. Δεν βλέπω την ώρα να σ' το δείξω».

Η Πόπι σηκώνεται μ' ένα πήδημα. Τα μάτια της αστράφτουν από χαρά. «Μου φαίνεται πως έχουμε διαλέξει την πιο ωραία μουσική. Είμαι τόσο χαρούμενη, που μας άφησαν να πάρουμε την κασέτα του χορού μας στο σπίτι!»

«Ποιο είναι το καλύτερό σου σημείο;»

«Νομίζω το σημείο με τα καμπανάκια... ή το τέλος... εκείνο το αστραφτερό κομμάτι, που μοιάζει να γλιστράει...»

Η Πόπι ξαπλώνει πάνω στο κρεβάτι μου κι αρχίζει να κάνει ψαλίδια με τα πόδια της.

«Δεν πίστευα στ' αφτιά μου, όταν η μις Κοραλί είπε ότι μπορούμε να χορογραφήσουμε μόνες μας τον χορό μας για την παράσταση. Εσύ; Και είμαι τυχερή που έχω εσένα για παρτενέρ. Τα καταφέρνεις πολύ καλύτερα από μένα, να βρίσκεις ποια βήματα ταιριάζουν περισσότερο στη χορογραφία».

Σήκωσε τα γόνατά της ψηλά και τ' αγκάλιασε σφιχτά.

Στεκόμουν μπροστά στον καθρέφτη μου, φτιάχνοντας τα μαλλιά μου, αλλά τα λόγια της Πόπι με ταξίδεψαν πίσω, στο μάθημα της Τρίτης. Αντί για την εικόνα μου, αντίκρισα το πρόσωπο της μις Κοραλί, την ώρα που, με μάτια που άστραφταν, μιλούσε στη σιωπηλή τάξη για την παράσταση:

«Αυτή η σχολή φημίζεται για το πολύ υψηλό επίπεδο χορού της, γι' αυτό και θέλω να δουλέψετε με σοβαρότητα. Έτσι, θα πετύχουμε μια επαγγελματική παράσταση υψηλού επιπέδου, για την οποία όλες θα είμαστε περήφανες».

Συγκεντρώθηκα για να μαζέψω όσο πιο σφιχτά μπορούσα την αλογοουρά μου, προσπαθώντας να μην αφήσω ούτε μια τρίχα να φεύγει απ' τη θέση της, καθώς τα έδενα με το λαστιχάκι, για να μην πετάνε. Επειδή, όμως, το κάνω αυτό πολύ συχνά, τα χέρια μου τα κατάφερναν τέλεια, χωρίς να χρειάζεται να σκέφτομαι καθόλου, πράγμα που σήμαινε ότι το μυαλό μου μπορούσε να ταξιδεύει όπου ήθελε. Με το βλέμμα «που δεν αστειεύεται», η μις Κοραλί εμφανίστηκε πάλι μπροστά στα μάτια μου.

«Η παράσταση θα ονομάζεται "Σκιές της Φύσης" και θα αποτελείται από τρία μέρη. Το πρώτο, θα είναι για τις πιο μικρές μαθήτριες. Θα πα-

ρουσιάσουν χορούς βασισμένους σε ζωάκια, πουλιά και λουλούδια. Τα μεγαλύτερα κορίτσια θα δουλέψουν σε τρεις ομάδες που θα αντιπροσωπεύουν τη γη, τη φωτιά και το νερό...»

Τη στιγμή που μας έλεγε αυτά τα λόγια, έπεσε τέτοια σιωπή που θα μπορούσες ν' ακούσεις ένα λουλούδι ν' ανοίγει τα πέταλά του. Ακόμα θυμάμαι το βλέμμα της μις Κοραλί, καθώς στρεφόταν αργά προς το μέρος μας.

«Η δική σας τάξη και εκείνη που έρχεται πριν από εσάς τις Τρίτες, θα ετοιμάσετε το μεσαίο τμήμα της παράστασης. Θα υποδυθείτε, χορεύοντας, τον ουρανό, τη σελήνη, τα αστέρια, τον ήλιο, τις εποχές, το χιόνι, την παγωνιά, τη δροσιά...»

Καθώς μας απαριθμούσε τη λίστα, τα χέρια της έκαναν κινήσεις γεμάτες χάρη. Ξαφνικά, όμως, σταμάτησαν στον αέρα κι ακούστηκε η φράση: *«Όσο για τη χορογραφία, δεν θα την κάνω εγώ, αλλά ΕΣΕΙΣ!»*

Μόλις το είπε αυτό, στο μυαλό μου άστραψαν πυροτεχνήματα και μου κόπηκε η ανάσα· όταν, όμως, η μις Κοραλί συνέχισε, εξηγώντας μας ότι θα έπρεπε να δουλέψουμε σε ομάδες των δύο, τριών ή τεσσάρων ατόμων, τα πυροτεχνήματα άρχισαν να χάνουν τη λάμψη τους, παραχωρώντας τη θέση τους σε έναν πιο χαλαρό ενθουσιασμό. *«Δεν νομίζω ότι θα πρέπει να σχηματίσετε μεγαλύτερες ομάδες, γιατί θα χρειαστεί να συναντηθείτε για να κάνετε μερικές επιπλέον πρόβες, ενδιάμεσα απ' τα μαθήματα...»*

Τη στιγμή που άκουσα τη λέξη «επιπλέον», η καρδιά μου άρχισε να χτυπάει σαν τρελή. Ακόμα και τώρα, που το σκεφτόμουν, ενώ τακτοποιούσα την κορδέλα στα μαλλιά μου, μ' έπιανε τρεμούλα. Τελικά, αποδείχτηκε ότι η μις Κοραλί εννοούσε επιπλέον δουλειά στο σπίτι, και όχι περισσότερες κανονικές πρόβες ή κάτι τέτοιο. Ωστόσο, το πρώτο που σκέφτηκα εγώ, ήταν: *«Αχ! Όχι! Ο μπαμπάς δεν θα μ' αφήσει ν' ασχοληθώ περισσότερο. Τι θα γίνει, αν δεν μου επιτρέψει να πάρω μέρος στην παράσταση;»*

«Τι σκέφτεσαι, Τζαζ;»

Η φωνή της Πόπι μ' έκανε να αναπηδήσω.

«Τίποτα σπουδαίο».

«Πάω στοίχημα, ότι σκέφτεσαι τον μπαμπά σου».

Τώρα η Πόπι στεκόταν ακριβώς πίσω μου. Της χαμογέλασα μέσα από τον καθρέφτη: «Πόπι, μπορείς να διαβάζεις τη σκέψη των άλλων».

«Σιγά το δύσκολο! Πάντα παίρνεις αυτό το ύφος, όταν σκέφτεσαι τον μπαμπά σου. Τι σου έκανε πάλι;»

«Τίποτα. Απλώς, σκεφτόμουν τι τρομερό θα ήταν αν χρειαζόμουνα επιπλέον πρόβες για την παράσταση, κι εκείνος μου απαγόρευε να τις παρακολουθήσω».

Η Πόπι σταύρωσε τα χέρια στο στήθος της και έβγαλε έναν βαθύ αναστεναγμό, κάνοντας ότι έχει θυμώσει μαζί μου.

«Λοιπόν! Δεν υπάρχουν επιπλέον πρόβες, οπότε δεν χρειάζεται να χολοσκάς. Εντάξει;»

Δεν απάντησα, απλώς πλησίασα το κασετόφωνό μου και άρχισα να γυρίζω την ταινία προς τα πίσω.

«Θα έρθει τελικά να σε δει;»

Δεν κατάλαβα τι ακριβώς εννοούσε η Πόπι.

«Ποιος;»

«Ο μπαμπάς σου. Θα έρθει να σε δει στην παράσταση;»

Ξαφνικά, στο στομάχι μου φτερούγισαν πεταλούδες.

«Τι να σου πω; Δεν το σκέφτηκα καν... Δεν ξέρω. Νομίζω πως ναι...»

«Καλό αυτό! Έτσι δεν είναι;» είπε η Πόπι. «Γιατί έτσι θα δει πόσο καλή είσαι και μπορεί ν' αλλάξει γνώμη και να συμφωνήσει να συνεχίσεις τα μαθήματα μπαλέτου και στο γυμνάσιο!»

Στο άκουσμα αυτής της φράσης, η καρδιά μου σταμάτησε. «Και δεν μου λες; Τι θα γίνει έτσι και του φανώ απαίσια, και μου πει ότι πρέπει να σταματήσω στο τέλος του τριμήνου;»

«Μην είσαι χαζή, Τζαζ. Είσαι η καλύτερη. Είμαστε οι πιο μικρές στο τμήμα, και μόνο εσύ και η Τάμσιν έχετε πάρει έπαινο στην τέταρτη τάξη. Αυτό τα λέει όλα!»

Γύρισα και κοίταξα την Πόπι. Τα μάτια της χόρευαν κι είχε σφίξει τα χέρια της μεταξύ τους, λες και μόλις της είχαν ανακοινώσει πως πέρασε στη Βασιλική Ακαδημία Χορού. «Αυτή, θα μπορούσε να είναι η πιο σημαντική στιγμή της ζωής σου, Τζαζ. Πότε σε είδε για τελευταία φορά ο μπαμπάς σου, να χορεύεις πάνω στη σκηνή;»

Το μυαλό μου έτρεξε πίσω. Έμοιαζε σαν να είχαν περάσει αιώνες.

«Πέρσι δεν μπόρεσε να έρθει γιατί έλειπε ταξίδι, για δουλειές. Και πρόπερσι, έεε... Είχε να κάνει μια επείγουσα εγχείρηση. Έε... Νομίζω ότι για τελευταία φορά με είδε πριν από τρία χρόνια».

Η Πόπι πετάχτηκε πάνω, άρπαξε το χέρι μου και το έσφιξε με δύναμη. «Μα τότε, ήσουν ακόμα μικρή! Δεν έχει ιδέα πόσο καλή είσαι *τώρα,* Τζαζ. Έτσι και σε δει, θα πάθει σοκ!»

Τα μάτια της άστραψαν.

«Απλώς, φαντάσου το. Εκείνος, καθισμένος ανάμεσα στους θεατές, περιμένει να σε δει να εμφανίζεσαι με τους φραμπαλάδες σου και ν' αρχίσεις να κάνεις πιρουέτες, με τα χεράκια σου ανασηκωμένα πάνω από το κεφάλι, ακριβώς όπως έκανες την τελευταία φορά που σε είδε. Ξαφνικά, τεντώνεται στη θέση του και γουρλώνει τα μάτια, γιατί είσαι τόσο απίθανη ώστε δεν μπορεί να πιστέψει αυτό που βλέπει».

Στο σημείο αυτό, η Πόπι με κοίταξε όσο πιο σοβαρά γινόταν και μίλησε αργά και επίσημα: «Λοιπόν, Τζαζ, πρέπει να βάλεις οπωσδήποτε τα δυνατά σου, για να ετοιμάσεις την ωραιότερη χορογραφία της ζωής σου και να χορέψεις καλύτερα από κάθε άλλη φορά. Γιατί αυτός δεν θα είναι ένας απλός χορός. Θα είναι η... η κρίσιμη καμπή της ζωής σου. Μόνο έτσι θα συνειδητοποιήσει ο μπαμπάς σου ότι *δεν έχει* το δικαίωμα να θάψει ένα τέτοιο ταλέντο και ότι *πρέπει* να δώσει τη συγκατάθεσή του για να συνεχίσεις τα μαθήματα χορού για πάντα!»

Στα χέρια μου απλώθηκε ένα ευχάριστο, μαγικό αίσθημα ανατριχίλας.

Την ίδια ώρα, ένα χαμόγελο άρχισε να σχηματίζεται στο πρόσωπο της Πόπι. Ήταν, σάμπως η ευτυχία να διαπερνούσε μέσα από τα χέρια της, τα δικά μου. Ίσως και να γίνεται κάτι τέτοιο. Ποιος ξέρει... Κι αν εγώ *μπορούσα* να κάνω αυτό που μου έλεγε, θα ήταν ό,τι καλύτερο είχε συμβεί *ποτέ* στη ζωή μου.

Όμως, αμέσως μόλις έκανα αυτή τη σκέψη, όλη μου η χαρά εξανεμίστηκε μεμιάς. «Ναι, αλλά ο μπαμπάς ξέρει σε ποια τάξη πηγαίνω. Κι ενώ έχω κερδίσει επαίνους άπειρες φορές, το μόνο που είχε να μου πει εκείνος, ήταν ένα απλό "μπράβο"».

«Αυτή τη φορά, όμως, είναι εντελώς διαφορετικά», συνέχισε σταθερά η Πόπι. «Και οι δικοί μου γονείς έλεγαν “μπράβο” όποτε έπαιρνα έπαινο, αλλά δεν έχουν ιδέα τι ακριβώς σημαίνει αυτό. Κι ούτε που ξέρουν, πόσο έχω προοδεύσει. Σάμπως έρχονται και ποτέ να μας δουν όταν χορεύουμε κανονικά;»

Από το στήθος μου βγήκε ένας βαθύς αναστεναγμός.

«Πες μου, Πόπι! Πιστεύεις, στ' αλήθεια, ότι μπορώ να τον κάνω ν' αλλάξει γνώμη;»

Αντί για απάντηση, η Πόπι πίεσε τον αντίχειρά της πάνω στον δικό μου.

Αυτό είναι το γούρι μας, όποτε χρειαζόμαστε τύχη. Το έχουμε βαφτίσει «χέρι-χέρι». Και αυτή τη φορά, ήξερα ότι θα χρειαζόμουν περισσότερη τύχη παρά ποτέ.

2 Αστροφεγγιά

«Τι ώρα θα έρθει η Ρόουζ;» ρώτησε η Πόπι με το χέρι της ακουμπισμένο στην πλάτη της καρέκλας μου. Την χρησιμοποιούσε σαν *μπάρα*, για να κάνει μερικά *πλιέ* για προθέρμανση.

«Αχ! Όχι! Σε μια ώρα θα βρίσκεται εδώ», είπα, κοιτάζοντας το ρολόι μου.

Μόλις είπα αυτά τα λόγια, αισθάνθηκα ντροπή. Φαινόταν σαν να μην ήθελα και τόσο να έρθει η Ρόουζ. Εγώ, όταν ντρέπομαι δεν κοκκινίζω, απλώς φουντώνω υπερβολικά. Βλέπετε, το δέρμα μου είναι σκούρο και δεν κοκκινίζει. Ο μπαμπάς κατάγεται από την Αίγυπτο κι έχω κληρονομήσει από εκείνον το μελαψό δέρμα.

«Έλα, πάμε πιο γρήγορα», είπε η Πόπι. «Πρέπει να ετοιμάσουμε όσο περισσότερο γίνεται, πριν έρθει η Ρόουζ».

Διαπιστώνοντας ότι η Πόπι συμφωνούσε μαζί μου σ' αυτό το σημείο, ένιωσα καλύτερα. Βλέπετε, η Ρόουζ έχει κάνει μαθήματα μπαλέτου μόνο ένα τρίμηνο. Όταν πρωτοξεκίνησε το μισούσε, και τη στιγμή αυτή δεν μπορώ να πω ότι το λατρεύει, τουλάχιστον όμως έπαψε να το μισεί. Και επειδή συμβαίνει να *γνωρίζω* τη Ρόουζ πολύ καλά, είπα: «Σε χρόνο ρεκόρ, θα βαρεθεί να μας κοιτάζει. Συμφωνείς;»

«Αν της προτείναμε να παραστήσει κανέναν δημοσιογράφο, που κάνει κριτική μπαλέτου;» πρότεινε η Πόπι διστακτικά.

Προσπάθησα να φανταστώ τη Ρόουζ καθισμένη, να γράφει κριτική για μένα και την Πόπι, την ώρα της πρόβας...

«Υποθέτω ότι θα μπορούσε να μας πει ποια κομμάτια είναι καλά και ποια για πέταμα...»

«Κανένα δεν είναι για πέταμα», είπε η Πόπι. *«Συμφωνείς;»* πρόσθεσε, ρίχνοντάς μου ένα δήθεν αυστηρό βλέμμα, για να βεβαιωθεί ότι θα φρόντιζα να κάνω αυτό τον χορό καλύτερο από κάθε προηγούμενο.

Ένιωσα ένα ρίγος να με διαπερνάει. «Εντάξει. Ας αρχίσουμε». Πήγα προς το κασετόφωνο.

«Αχ! Περίμενε μισό λεπτό», είπε η Πόπι, ψαχουλεύοντας στο σακίδιό της. «Έγραψα ένα ποίημα που ταιριάζει με τον χορό, και αναρωτιόμουν αν μπορούμε να το ηχογραφήσουμε σε μια κασέτα, και να το παίξουμε στο κοινό πριν αρχίσει η μουσική...»

Ξαφνικά, κοκκίνισε και πάλι. «Θέλω να πω, αν σου αρέσει πραγματικά... Ο τίτλος του είναι "Αστροφεγγιά"».

Πήρα το χαρτί που κρατούσε στα χέρια της και άρχισα να το διαβάζω. Κι ενώ, συνήθως, διαβάζω πολύ γρήγορα, οι λέξεις που χρησιμοποιούσε η Πόπι στο ποίημά της με ανάγκασαν να επιβραδύνω τον ρυθμό μου.

«Πόπι! Είναι θαυμάσιο! Κι εσύ είσαι ιδιοφυΐα! Θα το δείξουμε στη μις Κοραλί, την Τρίτη!» Κι αμέσως μου ήρθε μια ακόμα καλύτερη ιδέα: «Γιατί να μην ονομάσουμε και τον χορό μας *"Αστροφεγγιά";*»

Η Πόπι χαμογέλασε και κάθισε στητή πάνω στο κρεβάτι. «Ωραία. Δείξε μου τώρα τι έχεις ετοιμάσει».

«Λοιπόν, θα σου δείχνω και την ίδια ώρα θα σου εξηγώ. Ξεκινάμε από τις δυο απέναντι γωνίες στο πίσω μέρος... Αν υποθέσουμε ότι αυτή είναι η σκηνή κι εδώ είναι το κοινό, εγώ θα βρίσκομαι σ' αυτό το σημείο κι εσύ σε εκείνο...», είπα, βάζοντας μπροστά και τη μουσική. «Αρχίζουμε τρέχοντας στις μύτες προς τα εμπρός και τελειώνουμε σ' αυτή τη θέση – μόνο που εσύ θα κοιτάζεις προς αυτή την κατεύθυνση. Κι αυτός ο γρήγορος ρυθμός, πάει κάπως έτσι...»

Άρχισα να εκτελώ το επαναλαμβανόμενο μοτίβο από *pas de bourrées* και *jetés* που είχα ετοιμάσει, ξαφνικά, όμως, μου φάνηκε πολύ εύκολο. Ήμουν σίγουρη ότι μπορούσα να το κάνω καλύτερο. «Τώρα που το ξανασκέφτομαι, εδώ θα πρέπει να βάλουμε *sissonnes* και εδώ *echappés* καθώς και... ουάου, μπορούμε να το κάνουμε χορεύοντας κυκλικά».

Η Πόπι με κοίταζε ελαφρά μπερδεμένη, ήξερα όμως ότι καταλάβαινε τις γαλλικές ονομασίες των βημάτων, και σύντομα θα μάθαινε πώς να τα εκτελεί κι εκείνη, γι' αυτό και συνέχισα:

«Σ' αυτό το μέρος, εγώ θα κάνω το *pas de bourrées* που σου έδειξα στην αρχή κι εσύ θα κάνεις το ίδιο από την άλλη μεριά, με τη διαφορά ότι τα χέρια σου θα βρίσκονται στη δεύτερη στάση...»

Φαντάστηκα τον πατέρα μου ανάμεσα στο κοινό. Παναγίτσα μου! Δεν ήταν αρκετά καλό.

«Ίσως εδώ θα μπορούσαμε να προσθέσουμε μερικά *fouettés*... Το ξέρω ότι δεν τα έχουμε μάθει ακόμη, νομίζω όμως ότι μπορώ να τα εκτελέσω – και μετά, ξαφνικά, θα κάνω ένα *arabesque* με τα χέρια, κάπως έτσι».

Όση ώρα μιλούσα, τα φρύδια της Πόπι έσμιγαν όλο και περισσότερο, μέχρις ότου ενώθηκαν εντελώς, δίνοντάς της ένα σκοτεινό ύφος.

«Τζαζ! Δεν είμαι καθόλου βέβαιη ότι μπορώ να τα κάνω όλα αυτά...»

«Θα τα καταφέρεις μια χαρά, Πόπι. Σου τ' ορκίζομαι. Κοίταξέ με...»

Της έδειξα μια σειρά από *temps levé, chassé, pas de bourrée* σε τέσσερις χρόνους και *πιρουέτες*.

«Βλέπεις;» της είπα λαχανιασμένη. «Κι εσύ θα κάνεις το ίδιο με το αντίθετο πόδι, στην απέναντι γωνία, σαν να κοιταζόμαστε μέσα σε καθρέφτη...»

«Τουλάχιστον, μπορείς να τα κάνεις λίγο πιο αργά, Τζαζ;»

Το πρόβλημα ήταν ότι δεν μπορούσα να τα κάνω πιο αργά. Τώρα πια, είχα πάρα πολλές ιδέες και ήθελα ν' αλλάξω ένα σωρό πράγματα, για να κάνω τη χορογραφία όσο καλύτερη γινόταν.

Έπρεπε, οπωσδήποτε, να είναι άψογη. Μόνο τότε θα έπειθα τον μπαμπά ότι έχω ταλέντο, και ίσως έτσι μου επέτρεπε να συνεχίσω το μπαλέτο.

Ξαφνικά, στο δωμάτιο έπεσε βαριά σιωπή. Η Πόπι είχε πάει στο κασετόφωνο και είχε πατήσει το στοπ.

Οι ώμοι της είχαν καμπουριάσει, κι όταν μίλησε η φωνή της ακούστηκε σαν ψίθυρος: «Τζαζ, ποτέ δεν θα μπορέσω να το μάθω. Δεν είμαι τόσο καλή όσο εσύ...»

Έβαλα το χέρι στο στόμα μου, νιώθοντας απαίσια. Δεν μπορούσα να καταλάβω τι με είχε πιάσει.

«Θα το μάθεις. *Μπορείς.* Εγώ φταίω που δεν το κατάλαβες». Την αγκάλιασα. «Δεν έπρεπε ν' αλλάξω τόσες φορές τα βήματα».

Η Πόπι κάθισε στο κρεβάτι.

«Τότε, εγώ λέω να καθίσω εδώ και να σε παρακολουθώ μέχρι να βεβαιωθείς ότι δεν πρόκειται να κάνεις άλλη αλλαγή!»

«Δεν χρειάζεται. Θα το κάνω όπως σ' το έδειξα την πρώτη φορά. Έλα, ας το πάρουμε από την αρχή, κι αυτή τη φορά σού *υπόσχομαι* να μην αλλάξω τίποτα».

Έτσι κάναμε, και ύστερα από μια ώρα, η Πόπι είχε μάθει ολόκληρη τη χορογραφία. Κράτησε, μάλιστα, και σημειώσεις, για να μπορεί να κάνει πρόβα και στο σπίτι.

«Καταπληκτικό, Τζαζ!» έλεγε συνεχώς. «Δεν βλέπω την ώρα να το παρουσιάσουμε στη μις Κοραλί, την Τρίτη. Μέχρι τότε θα το έχω μάθει τόσο καλά, που θα μπορώ να το κάνω με τα πόδια ψηλά και το κεφάλι κάτω!»

Προσπάθησα κι εγώ, μ' όλη μου την ψυχή, να νιώσω χαρούμενη, όμως μια φωνούλα μέσα μου μουρμούριζε, λέγοντάς μου πως ο χορός μπορούσε να γίνει καλύτερος. *Έπρεπε* να γίνει καλύτερος. Ολόκληρο το είναι μου υπέφερε, όμως δεν άφηνα να φανεί τίποτα εξωτερικά, γιατί έτσι και πήγαινα να ξαναρχίσω τις αλλαγές, η καημένη η Πόπι θα τα παρατούσε.

Άλλωστε, από στιγμή σε στιγμή θα ερχόταν και η Ρόουζ.

«Γεια χαρά, κορίτσια!»

Κατά φωνή! Στεκόταν μπροστά στην εξώπορτα, φορώντας ένα παλιό κουρελιασμένο τζιν, που εκτός των άλλων τής έπεφτε και μεγάλο. Σίγουρα, παλιά θα ανήκε σε κάποιο από τ' αδέρφια της. Η Ρόουζ έχει πέντε μεγαλύτερους αδερφούς και συχνά φοράει τα αποφόρια τους, όπως τα λέει. Δεν της καίγεται καρφί. Έχω την εντύπωση ότι θα μπορούσε να βγει στον δρόμο ακόμα και με τις πιτζάμες του μπαμπά της.

«Μου άνοιξε η μαμά σου. Άκουσα τη μουσική την ώρα που ήμουν στο χολ. Ακούγεται φανταστικά!» Πέταξε την τσάντα της στο πάτωμα και με μια κλοτσιά την έστειλε στη γωνία. «Ελάτε, λοιπόν! Δείξτε μου πώς πάει».

Δεν είχα καμιά διάθεση να δείξω στη Ρόουζ τον χορό μας, γιατί ήξερα ότι θα με έπιανε ξανά η τρέλα ν' αρχίσω ν' αλλάζω πράγματα.

«Θα σου τον δείξουμε μόλις τον τελειώσουμε. Εντάξει;»

«Έλα τώρα, Τζαζ! Ψοφάω από περιέργεια να δω τον χορό. Άσε που θα μπορούσα να σας βοηθήσω, έτσι και κολλήσετε από ιδέες».

Η Πόπι μού έριξε μια ματιά όλο αγωνία και τότε, ξαφνικά, η Ρόουζ ξέσπασε σε γέλια.

«Πλάκα κάνω! Έπρεπε να μπορούσατε να δείτε την έκφρασή σας!»

Στο σημείο αυτό, βάλαμε όλες μαζί τα γέλια.

«Λοιπόν. Είμαι έτοιμη», είπε η Ρόουζ πηδώντας πάνω στο κρεβάτι με στητό κορμί. «Ρίχτε το!»

Ακόμα και τώρα, εξακολουθούσα να μη θέλω να το επαναλάβω. Ούτε κι η Πόπι φαινόταν πολύ πρόθυμη. Παρ' όλα αυτά, πήρε την αρχική της θέση κι έτσι πλησίασα κι εγώ προς το κασετόφωνο. Μόλις όμως ξαναγύρισα το κεφάλι μου, είδα τη Ρόουζ να κρατάει το ποίημα της Πόπι στα χέρια της. «Μα αυτό εδώ είναι απίθανο!» ψιθύρισε. «Πού το βρήκατε;»

«Η Πόπι το έγραψε», της είπα.

«Ουάου! Θα μπορούσατε να το απαγγείλετε στην αρχή του χορευτικού σας! Έτσι θα καταλάβαινε και το κοινό τι θέλετε να πείτε με τον χορό σας».

«Αυτό σκεφτόμασταν κι εμείς», είπε η Πόπι, κοκκινίζοντας ξανά. «Θα ζητήσουμε από τη μις...»

Η Ρόουζ, όμως, ήδη διάβαζε το ποίημα μεγαλοφώνως, σαν να το παρουσίαζε στην τηλεόραση:

Σκοτείνιασε ο ουρανός
κι η φύση ησυχάζει
γύρω γαλήνη απλώνεται
κι οι άνθρωποι κοιμούνται...

Καθώς εξακολουθούσε να διαβάζει, το ποίημα πήρε ζωή. Και μόλις τελείωσε, μου ήρθε μια απίθανη ιδέα. «Τι θα λέγατε, να βγει η Ρόουζ στη σκηνή πριν ακόμα ξεκινήσουμε τον χορό μας, και να απαγγείλει το ποίημα στο κοινό;»

Τα μάτια της Πόπι άστραψαν, καθώς κοίταζε τη Ρόουζ.

«Αυτό θα ήταν το τέλειο», τσίριξε. «Γιατί, έτσι, θα είναι σαν να παίρνουμε όλες μέρος στον χορό».

Η Ρόουζ αργοκίνησε το κεφάλι κι έσκασε ένα πλατύ χαμόγελο. «Το 'ξερα ότι δεν θα μπορούσατε να κάνετε χωρίς εμένα».

Έτσι, για δεύτερη φορά από τη στιγμή που ήρθε, ξεκαρδιστήκαμε στα γέλια.

3 Δίνοντας ζωή στη Μουσική

Κοιμηθήκαμε περίφημα. Στην αρχή, προσπαθήσαμε να στριμωχτούμε και οι τρεις στο κρεβάτι μου, αλλά δεν μπορούσαμε να βολευτούμε γιατί η Ρόουζ στριφογύριζε όλη την ώρα. Έτσι η Πόπι κοιμήθηκε στο κρεβάτι μου και η Ρόουζ κι εγώ σε κάτι υπνόσακους, κάτω στο πάτωμα. Ακόμα και τότε, δυσκολευτήκαμε μέχρι να αποκοιμηθούμε, γιατί η Ρόουζ παραπονιόταν συνεχώς ότι ο υπνόσακός της ήταν πολύ κοριτσίστικος. Στο τέλος, της έδωσα τον δικό μου, που ήταν σκούρος μπλε και πήρα τον άλλον, που ήταν διακοσμημένος με ροζ αρκουδάκια.

Το τελευταίο πράγμα που θυμάμαι, πριν με πάρει ο ύπνος, είναι η Ρόουζ, να λέει κάτι ανέκδοτα, που είχε ακούσει από τ' αδέρφια της. Το πρωί, μας είπε ότι βρισκόταν ακριβώς στη μέση ενός ανέκδοτου, όταν ξαφνικά συνειδητοποίησε ότι η Πόπι κι εγώ είχαμε αποκοιμηθεί. Την ώρα που παίρναμε πρωινό, την παρακαλέσαμε να μας ξαναπεί το ανέκδοτο, αλλά δεν είχε χρόνο, γιατί ήταν αφοσιωμένη στο φαγητό της.

«Τρελαίνομαι για κρουασάν», μας είπε, ενώ απ' το στόμα της πετάγονταν κομματάκια σφολιάτας. «Όπα! Συγγνώμη».

Η μαμάν γέλασε. «Κι εγώ το ίδιο», είπε. «Μου θυμίζουν το πρωινό στην πατρίδα μου, όταν ήμουν μικρή».

Η Ρόουζ σάλιωσε το δάχτυλό της, το πίεσε πάνω σε ένα ψίχουλο από κρουασάν που βρισκόταν στο πιάτο της, και μετά το πέταξε στο στόμα της, ρίχνοντας συγχρόνως ένα χαμόγελο στη μαμάν.

«"Μάζευε κι ας είν' και ρώγες!" όπως λέει και η μαμά *μου*», είπε.

Η Πόπι χαμογέλασε αμήχανα γιατί είναι πολύ πιο ντροπαλή από τη Ρόουζ, μπροστά στους γονείς των φίλων της. Εγώ, πάλι, αισθάνομαι περίφημα με όλους τους γονείς, εκτός απ' τον μπαμπά μου...

Η Ρόουζ μάζεψε, με τον ίδιο τρόπο, ένα ένα όλα τα ψίχουλα του κρουασάν από το πιάτο της. Είχα αρχίσει να πιστεύω πως δεν θα τέλειωνε ποτέ. Μόλις, επιτέλους, τελείωσε, ρώτησα τη μαμάν, αν μπορούσαμε να φύγουμε από το τραπέζι.

«Και βέβαια, αν χορτάσατε. Τι θα κάνετε σήμερα το πρωί;»

«Θα δουλέψουμε τον χορό μας», είπα γρήγορα.

Η Ρόουζ δεν φάνηκε να εντυπωσιάζεται. Προσποιήθηκε ότι κοίταζε αλλού. «Μήπως υπάρχει κανένα κρουασάν ακόμα;»

Η μαμάν γέλασε. «Δεν μπορώ να καταλάβω πού τα βάζεις όλα αυτά».

Έτσι, ενώ η Ρόουζ συνέχισε να τρώει, η Πόπι κι εγώ ανεβήκαμε στο δωμάτιό μου για να κάνουμε πρόβα. Αλλά, από τη στιγμή που αρχίσαμε να χορεύουμε, αισθανόμουν τα πόδια μου σαν μολύβι, γιατί μου ήρθε ξανά η ίδια αίσθηση. Κι αυτή τη φορά, ήταν τόσο έντονη, που δεν μπορούσα να την αγνοήσω.

Ήξερα ότι στη μουσική υπήρχε κάτι περισσότερο απ' ό,τι στον χορό μας. Και ήξερα, επίσης, ότι δεν επρόκειτο να μείνω ευχαριστημένη μέχρι να τον τελειοποιήσω.

Αν, ίσως, ξεκινούσα με μια μικρή αλλαγή... «Πόπι! Δοκιμάζεις, σε παρακαλώ, αυτό;»

«Αχ, όχι, Τζαζ! Όχι πάλι τα ίδια! Μόλις χτες άρχισα να τα μαθαίνω. Σε παρακαλώ, μη μου πεις ότι θέλεις να τ' αλλάξεις πάλι».

«Πολύ λίγο. Σου τ' ορκίζομαι».

Μετά την πρώτη αλλαγή, προσπάθησα να σταματήσω, αλλά στάθηκε αδύνατον, γιατί όλο και μου κατέβαιναν καινούριες ιδέες.

Sissonne en avant, και *sissonne en arrière, sissonne en avant, soubresaut, soubresaut* – και τα χέρια όλη την ώρα άλλαζαν θέση. Όταν τελικά σήκωσα τα μάτια μου, είδα τη Ρόουζ να στέκεται δίπλα στην Πόπι. Δεν είχα πάρει είδηση πότε μπήκε.

«Τζαζ! Σ' αυτό το μέρος δεν χορεύει και η Πόπι;»

Στο άκουσμα αυτής της ερώτησης, αισθάνθηκα ένοχη και πολύ εγωίστρια.

«Δεν πειράζει», είπε ήρεμα η Πόπι στη Ρόουζ. «Απλώς, η Τζαζ προσπαθεί να το κάνει όσο πιο τέλειο γίνεται, για τον πατέρα της».

«Για τον *πατέρα της;* Για ποιο λόγο; Αφού εκείνου δεν του *αρέσει* καν το μπαλέτο!»

Ομολογώ ότι ακούγοντας αυτή την άποψη της Ρόουζ, ένιωσα λίγο περίεργα. Τι μπορούσε, όμως, να καταλάβει εκείνη; Η Πόπι προσπάθησε να της εξηγήσει: «Βλέπεις, η Τζαζ κι εγώ πιστεύουμε ότι αν ο πατέρας της έρθει να παρακολουθήσει την παράσταση και δει το ταλέντο της, ίσως τελικά πεισθεί και την αφήσει να συνεχίσει το μπαλέτο».

Η Ρόουζ γύρισε προς τα πάνω τα μάτια της. «Χμ! Τι μου λέτε! Σίγουρα, αυτό θα είναι πολύ ευγενικό από μέρους του! Τζαζ, είσαι ήδη τέλεια και αν θες τη γνώμη μου, δεν υπάρχει κανένας λόγος να αποδείξεις τίποτα στον πατέρα σου».

Άρχισα να αισθάνομαι δυσάρεστα. Κατά βάθος, ήξερα πως η Ρόουζ είχε δίκιο. Απ' την άλλη, όμως, δεν μπορούσε να καταλάβει πώς σκεφτόταν ο μπαμπάς. Αμέσως μόλις θα τέλειωνα το δημοτικό, ήταν αποφασισμένος να μου σταματήσει τα μαθήματα χορού, εκτός κι αν με κάποιον τρόπο κατάφερνα να τον κάνω ν' αλλάξει γνώμη. Αναστέναξα βαθιά κι έσκυψα το κεφάλι.

Βαρέθηκα να σκέφτομαι συνεχώς τα ίδια και τα ίδια. Με το που με είδε η Ρόουζ, πετάχτηκε από την άλλη άκρη του δωματίου κι ήρθε να μ' αγκαλιάσει.

«Μη στενοχωριέσαι, Τζαζ», μου είπε. «Περίμενε μόνο να γυρίσει από το συνέδριο. Αναλαμβάνω εγώ να του πω κάνα δυο κουβεντούλες».

Η καρδιά μου σταμάτησε.

«Δεν γίνεται να του μιλήσεις, Ρόουζ», είπε η Πόπι ταραγμένη. «Θα θυμώσει».

«Τι ώρα έρχεται σπίτι;» ρώτησε η Ρόουζ.

«Ου, θα έχεις φύγει μέχρι τότε», βιάστηκα να απαντήσω. (Και δεν έλεγα ψέματα).

«Τότε, μπορεί να του αφήσω ένα σημείωμα», έκανε η Ρόουζ σκεφτική.

Το επόμενο λεπτό, όμως, μας έσκαγε το συνηθισμένο της χαρούμενο χαμόγελο: «Πλάκα κάνω!»

Η Ρόουζ έπρεπε να γυρίσει στο σπίτι της μετά το γεύμα, έτσι, η Πόπι κι εγώ δουλέψαμε κάμποση ώρα ακόμα τον χορό.

«Η μις Κοραλί δεν θα πιστεύει στα μάτια της, Τζαζ. Θα ενθουσιαστεί με τη χορογραφία σου», είπε η Πόπι.

Προσποιήθηκα ότι συμφωνούσα, αλλά η φωνούλα μέσα στο κεφάλι μου εξακολουθούσε να μου τριβελίζει το μυαλό: *«Δεν είναι αρκετά καλό. Δεν είναι αρκετά καλό. Μπορεί να γίνει ακόμα καλύτερο»*.

Αμέσως μετά, ήρθε η μαμά της Πόπι να την πάρει και όση ώρα κουβέντιαζαν οι μαμάδες μας, κάναμε ένα γρήγορο «χέρι-χέρι».

«Ελπίζω, η μις Κοραλί ν' αφήσει τη Ρόουζ να πει το ποίημα», ψιθύρισε η Πόπι.

Έγνεψα καταφατικά, αλλά δεν ήταν αυτό που με απασχολούσε.

Αφού έφυγαν, επέστρεψα στο δωμάτιό μου κι ετοίμασα τη σάκα μου για την επόμενη μέρα. Κατόπιν, κάθισα στο πάτωμα και άκουσα τη μουσική της *«Αστροφεγγιάς»* με τα μάτια κλειστά. Έκανα νοερά τα βήματα, προσπαθώντας να φανταστώ εμένα και την Πόπι να χορεύουμε τον χορό μας στην υπέροχη, μεγάλη σκηνή της καινούριας Αίθουσας Εκδηλώσεων του Δημαρχείου. Αυτοσυγκεντρώθηκα, μέχρι και την τελική στάση και κατόπιν προσπάθησα να φανταστώ το χειροκρότημα. Μόλις τελείωσε κι αυτό, έμεινα εντελώς ακίνητη, με τα μάτια κλειστά, ψάχνοντας να βρω για ποιο λόγο αισθανόμουν τόσο άδεια.

Με αργά βήματα, σηκώθηκα και γύρισα πίσω την ταινία. Δεν πάτησα, όμως, αμέσως το πλέι. Απλώς, στάθηκα δίπλα στο παράθυρο και άρχισα να παρατηρώ τον ουρανό. Το γκριζογάλανο χρώμα του, άρχισε σιγά σιγά να μεταλλάσσεται σε έναν σκούρο λεκέ...

Ήμουν βέβαιη ότι αυτό που έβλεπα, δεν ήταν παρά μόνο το πάνω κομμάτι τ' ουρανού κι ότι από κάτω υπήρχαν πολλά επίπεδα, καθένα απ' αυτά έναν τόνο πιο σκούρο από το προηγούμενο.

Σκοτείνιασε ο ουρανός
κι η φύση ησυχάζει
γύρω γαλήνη απλώνεται
κι οι άνθρωποι κοιμούνται...

Χωρίς να ξεκολλήσω το βλέμμα μου από τον ουρανό, ψηλάφισα το κουμπί του *πλέι* στο κασετόφωνο που βρισκόταν πίσω μου, και το πάτησα. Καθώς κοιτούσα μακριά, φαντάστηκα δυο λαμπερά αστέρια να μπλέκονται, σχηματίζοντας ζιγκ-ζαγκ, έπειτα να διασταυρώνονται κι ύστερα να στριφογυρίζουν γύρω από τον εαυτό τους σαν τρελά, σφυρίζοντας.

Και η κάθε απότομη στροφή, κάθε πιρουέτα, η κάθε φιγούρα άφηνε πίσω της ίχνη από φίνα, αστραφτερή ασημόσκονη.

Το κεφάλι μου είχε γεμίσει από τη μαγεία του χορού και έτσι τώρα μπορούσα να δω τα βήματα που επιθυμούσα, εντελώς ξεκάθαρα. Έτρεξα και πήρα το σημειωματάριό μου για να τα καταγράψω.

Για τα αμέσως επόμενα λίγα λεπτά, στο δωμάτιό μου επικρατούσε απόλυτη ησυχία.

Κι ωστόσο, με τη φαντασία μου, άκουγα τη μουσική δυνατά και καθαρά.

Έβαλα ξανά την κασέτα και χόρεψα όλα τα καινούρια βήματα, ενώ συγχρόνως φανταζόμουν και το μέρος της Πόπι. Επιτέλους, ο χορός είχε πάρει σάρκα και οστά. Και όλα πήγαιναν θαυμάσια. Ξαναγύρισα πίσω την κασέτα και έκανα άλλη μια δοκιμή, αυτή τη φορά, όμως, εκτός από τη μελωδία, άκουγα κάτι ακόμα. Ήταν τα λόγια της Ρόουζ, που τριγύριζαν στο μυαλό μου σαν να ήθελαν να με περιπαίξουν.

«Τζαζ, είσαι ήδη τέλεια και, αν θες τη γνώμη μου, δεν υπάρχει κανένας λόγος να αποδείξεις τίποτα στον πατέρα σου».

«Το βρήκα!» φώναξα άθελά μου, μέσα στο άδειο δωμάτιο. Αισθανόμουν ένα είδος δύναμης να ξεχύνεται από το μυαλό μου, προς τα ακροδάχτυλα και μέχρι τις μύτες των ποδιών μου. Είχα συνειδητοποιήσει κάτι πολύ σημαντικό. Θα έβαζα τα δυνατά μου να κάνω τον χορό όσο πιο καλά μπορούσα. Και θα το έκανα για να δείξω στον μπαμπά την πραγματική μου αξία. Όμως, δεν θα το 'κανα μόνο για τον μπαμπά. Θα το έκανα και για *μένα.*

Κάθισα στον καναπέ. Ένιωθα πολύ ευτυχισμένη. Ευτυχώς που είχα ξανακούσει ολόκληρο το μουσικό κομμάτι. Ευτυχώς που είχα καταφέρει ν' αδειάσω το μυαλό μου από όλα τα παλιά βήματα και άφησα τη μουσική να το γεμίσει με τα καινούρια. Το μόνο που έμενε να κάνω, ήταν να τα μάθω στην Πόπι.

Σίγουρα, δεν θα ενθουσιαζόταν όταν της έλεγα πως τα είχα αλλάξει και πάλι, και θα δυσκολευόταν να μάθει την καινούρια χορογραφία – μόλις την μάθαινε, όμως, ήμουν σίγουρη ότι θα παραδεχόταν πόσο καλύτερη ήταν.

Κατέβηκα αμέσως κάτω στη μαμάν, και την ρώτησα αν την πείραζε να έρθει η Πόπι για τσάι την επόμενη μέρα, μετά το μάθημα. Στην αρχή είχε μερικούς ενδοιασμούς, όταν όμως της εξήγησα πόσο σημαντικό ήταν, μου είπε ότι μπορούσα να τηλεφωνήσω.

«Γεια σου, Πόπι! Μάντεψε!» είπα αλλά δεν περίμενα να μαντέψει. «Άλλαξα τη χορογραφία. Μη στενοχωριέσαι, όμως, είναι...»

«Αχ, Τζαζ. Δεν έπρεπε. Ο μπαμπάς σου θα εντυπωσιαστεί μ' αυτό που έχεις κάνει ήδη...»

«Όχι, Πόπι. Πάει και τελείωσε. Την άλλαξα γιατί ήθελα να την βελτιώσω. Και το έκανα για μένα».

Η Πόπι δεν είπε λέξη. Απ' ό,τι φαίνεται, δεν την είχα πείσει. Έτσι, άρχισα να λέω ό,τι μου κατέβαινε στο μυαλό. «Είναι ένα δισεκατομμύριο φορές καλύτερη απ' ό,τι ήταν και είμαι σίγουρη πως μόλις σου την δείξω θα ενθουσιαστείς και η μις Κοραλί θα μείνει πολύ πιο ευχαριστημένη απ' ό,τι θα έμενε με την άλλη».

«Μα δεν θα μπορέσουμε να της την δείξουμε, γιατί δεν θα προλάβω να την μάθω!»

«Γι' αυτό σού τηλεφωνώ. Μπορείς να έρθεις αύριο στο σπίτι μου, για τσάι;»

Ένας βαθύς αναστεναγμός ακούστηκε από την άλλη άκρη της γραμμής. «Περίμενε ένα λεπτό. Πάω να ρωτήσω τη μαμά».

Άκουγα την Πόπι και τη μαμά της να μιλάνε ασταμάτητα, ενώ την ίδια ώρα αισθανόμουν τη διάθεσή μου να παίρνει την κάτω βόλτα, γιατί απ' ό,τι καταλάβαινα, η μητέρα της είχε κανονίσει κάτι άλλο.

Δυστυχώς, είχα δίκιο. «Λυπάμαι, Τζαζ. Η μαμά λέει ότι δεν γίνεται. Έχει κανονίσει να έρθει σπίτι η κομμώτρια. Θα κάνει, εκτός απ' τα δικά μου και του Στήβι, *και* τα μαλλιά της μαμάς, οπότε δεν θα μπορέσει να με φέρει εκεί με το αμάξι».

Έκανα μια τελευταία προσπάθεια.

«Τότε, μπορώ να έρθω εγώ στο σπίτι σου».

«Ακριβώς το ίδιο είπα κι εγώ στη μαμά, αλλά μου απάντησε όχι. Την ρώτησα όμως αν γίνεται να με πάει πιο νωρίς στο μπαλέτο την Τρίτη, και είπε εντάξει».

Τέλος πάντων, κάτι ήταν κι αυτό. Απ' τα ολότελα...

Τώρα, εκείνο που απόμενε ήταν να μάθω την καινούρια μου χορογραφία απέξω κι ανακατωτά και μετά να δείξω στην Πόπι όση προλάβαινα, πριν από το μάθημα.

Έβαλα το ακουστικό στη θέση του κι ανέβηκα τρέχοντας στον πάνω όροφο για να ξανακούσω τη μουσική. Μαρκάρισα όλα τα καινούρια βήματα και μετά φαντάστηκα τον μπαμπά ανάμεσα στο κοινό. Και τότε, μ' έπιασε άλλος φόβος.

Τι θα γινόταν, αν ο μπαμπάς *δεν βρισκόταν* ανάμεσα στο κοινό; Αν έλειπε και πάλι ταξίδι για δουλειά; Θα μου αρκούσε να χορέψω μόνο για τον εαυτό μου; Όχι. Αυτό δεν ήταν παρά το ένα κομμάτι. Ήταν *απαραίτητο* να βρίσκεται εκεί ο μπαμπάς, για να δει τι ήμουν ικανή να κάνω.

Κατέβηκα τρέχοντας στην κουζίνα και, πριν ακόμα περάσω το κατώφλι της πόρτας, είχα αρχίσει να παραμιλάω.

«Μαμάν, μήπως ξέρεις αν ο μπαμπάς θα λείπει στις είκοσι επτά...;»

Σταμάτησα και την κοίταξα όλο ένταση.

«Ρώτα τον μόνη σου, Τζασμίν», είπε η μαμά μ' ένα χαμόγελο.

Ξεροκατάπια. «Μπαμπά! Δεν ήξερα ότι γύρισες».

«Μόλις τώρα μπήκα!» είπε χαμογελώντας κι εκείνος. Με χάιδεψε στο ώμο και μου 'δωσε ένα φιλί, φαινόταν όμως κουρασμένος. «Τι μουσική είναι αυτή, που ακούγεται από πάνω;»

«Είναι για την παράσταση, στις είκοσι επτά του μήνα. Θα τα καταφέρεις να έρθεις;»

Σωριάστηκε σε μια καρέκλα κι έκλεισε για ένα λεπτό τα μάτια του.

«Θα σου φτιάξω ένα τσάι», είπε η μαμάν πατώντας το κουμπί του ηλεκτρικού βραστήρα. «Τζασμίν, ο πατέρας σου είναι κουρασμένος».

«Εντάξει, αλλά σε παρακαλώ, μπαμπά, δεν μπορείς να ρίξεις μια ματιά στο ημερολόγιό σου;»

«Τζασμίν! Τι σ' έπιασε και βιάζεσαι τόσο; Άσε τον πατέρα σου να ηρεμήσει πέντε λεπτά».

Ήθελα μ' όλη μου την καρδιά να σταματήσει να με διακόπτει η μαμάν. Καταλάβαινα πως ήταν ανόητο από μέρους μου να συνεχίζω αυτή τη συζήτηση, αλλά έπρεπε οπωσδήποτε να μάθω. Προσπάθησα να μιλήσω όσο πιο ήρεμα μπορούσα, με την ελπίδα ότι έτσι θα γινόμουν λιγότερο ενοχλητική. «Μήπως είναι εύκολο να ρίξεις μια ματιά, μπαμπά;»

Αναστέναξε κι έβαλε το χέρι στην τσέπη για να βρει το ηλεκτρονικό του ημερολόγιο. Η μαμά φαινόταν εκνευρισμένη. Καθώς ο μπαμπάς άγγιζε την οθόνη, είχα καρφώσει τα μάτια μου επάνω του. «Στις είκοσι επτά, είπες;»

«Ναι», απάντησα με βραχνή φωνή.

«Απ' ό,τι φαίνεται, μπορώ. Τι ώρα;»

Μεμιάς, το ηθικό μου ανέβηκε. «Στις δύο και μισή».

«Α!» συνοφρυώθηκε. Το ηθικό μου βούλιαξε. «Τι να σου πω; Εξαρτάται. Την παραμονή το βράδυ θα λείπω, αλλά *θα πρέπει* να επιστρέψω εγκαίρως. Ίσως χάσω το πρώτο μέρος».

«Θαυμάσια», είπε η μαμάν, διακόπτοντας απότομα τη συζήτηση. «Τζασμίν, μπορείς να φέρεις ένα φλιτζάνι κι ένα πιατάκι;»

Έκανα όπως μου είπε, χωρίς να βγάλω λέξη. Έτσι κι αλλιώς, δεν υπήρχε λόγος. Δεν μπορούσα ν' αλλάξω τίποτα. Κατάλαβα ότι την ημέρα της παράστασης θα είχα διπλάσιο τρακ, απ' τη μια επειδή θα ήθελα να είμαι όσο πιο καλή γινόταν, απ' την άλλη επειδή θα αναρωτιόμουν αν ο μπαμπάς βρισκόταν ή όχι ανάμεσα στο κοινό.

4 Μις Κοραλί Ίσον Δουλειά!

Την Τρίτη στο σχολείο, πέρασα ολόκληρο το πρωινό ανυπομονώντας ν' ακούσω το κουδούνι για το σχόλασμα. Αδύνατον να συγκεντρωθώ στο μάθημα. Το μυαλό μου ήταν γεμάτο από ιδέες για τον χορό. Δεν έβλεπα την ώρα να τον μάθω και στην Πόπι.

Όταν, επιτέλους, συναντηθήκαμε στα αποδυτήρια, ένιωσα τεράστια ανακούφιση. Βλέποντας, όμως, ότι η Τάμσιν και μερικές άλλες είχαν έρθει κι εκείνες νωρίτερα για να κάνουν πρόβα στη χορογραφία τους, απογοητεύτηκα.

«Νομίζω ότι η Αίθουσα Δύο είναι ελεύθερη», ψιθύρισα στην Πόπι την ώρα που είχαμε σκύψει και βάζαμε τα παπούτσια μας.

«Εσείς οι δυο, έχετε ετοιμάσει ολόκληρο τον χορό σας;» ρώτησε η Τάμσιν με δυνατή φωνή.

«Θα μου τον μάθει τώρα η Τζασμίν...», άρχισε να της εξηγεί η Πόπι.

Η Τάμσιν ζάρωσε τη μύτη της, λες και κάτι της βρομούσε. «Θες να πεις ότι ακόμα δεν το έχετε κάνει πρόβα οι δυο σας;»

Άνοιξα το στόμα μου για ν' απαντήσω, αλλά με πρόλαβε: «Εγώ, η Ίμυ και η Λότι έχουμε ετοιμάσει μια καταπληκτική χορογραφία. Φάγαμε ολόκληρο σχεδόν το Σάββατο στις πρόβες, έτσι δεν είναι, Ίμυ;» Η Ίμυ έτρωγε πατατάκια, ενώ συγχρόνως προσπαθούσε να διαβάσει το περιοδικό της Λότι πάνω από τον ώμο της, έτσι ούτε που την άκουσε.

«Θα παρουσιάσουμε "Τον Χορό του Πάγου". Μπορείτε να το φανταστείτε; Τη μια θα λιώνουμε, την άλλη θα παγώνουμε. Πολύ χαίρομαι που μου ήρθε αυτή η ιδέα! Και είμαι σίγουρη ότι η μις Κοραλί θα ενθουσιαστεί».

Ξαφνικά σηκώθηκε όρθια κι άρχισε να κάνει σπαγγάτο, ρίχνοντας πίσω το κεφάλι της με μια θεατρινίστικη κίνηση.

«Βλέπεις; Δεν είναι πολύ ωραίο;»

«Σούπερ!»

«Πάμε στη διπλανή αίθουσα», είπα ψιθυριστά στην Πόπι. «Είναι άδεια».

Την ώρα που ξεγλιστρούσαμε έξω, η Τάμσιν έπαιρνε άλλη μια πόζα αγάλματος από πάγο.

«Λοιπόν, ξεκινάμε από την ίδια θέση και κάνουμε το τρέξιμο στις μύτες, μόνο που εσύ ξεκινάς τέσσερις χρόνους μετά από μένα», είπα στην Πόπι. «Κι έτσι τελειώνουμε λίγο αργότερα απ' ό,τι στην προηγούμενη χορογραφία...»

Έγνεψε καταφατικά και το δοκιμάσαμε, αλλά μας ήταν δύσκολο να χορεύουμε μετρώντας, αντί ν' ακούμε τη μουσική.

Ξαφνικά, άνοιξε η πόρτα και εμφανίστηκε η Τάμσιν. «Ώστε εδώ βρίσκεστε εσείς οι δυο! Είχαμε την ίδια έμπνευση. Σκεφτήκαμε κι εμείς να κάνουμε μια πρόβα τον χορό μας». Έκανε να μπει στην αίθουσα, ενώ την ίδια στιγμή στο άνοιγμα της πόρτας εμφανίστηκαν η Ίμυ και η Λότι.

Η Πόπι δάγκωσε τα χείλη της, αλλά δεν μίλησε. Έπρεπε να το χειριστώ εγώ.

«Να σου πω, Τάμσιν... Θα σε πείραζε να κάνετε την πρόβα σας στον διάδρομο; Βλέπεις, μόλις τώρα ξεκινήσαμε, χώρια που δεν είχαμε χρόνο να το κάνουμε πρόβα μαζί».

«Ναι, αλλά ο διάδρομος είναι στενός», είπε η Τάμσιν.

«Δεν πειράζει, Τάμσιν», είπε η Λότι από το άνοιγμα της πόρτας. «Ας αφήσουμε την αίθουσα στην Τζαζ και την Πόπι».

«Έτσι κι αλλιώς, εμείς είχαμε άφθονο χρόνο για πρόβα», πρόσθεσε η Ίμυ.

Η Τάμσιν δεν μπορούσε να κάνει διαφορετικά, γιατί οι άλλες δυο είχαν ήδη επιστρέψει στα αποδυτήρια, δεν φαινόταν όμως και ενθουσιασμένη. «Δεν φταίω εγώ, που εσείς οι δυο δεν φροντίσατε να κάνετε πρόβα μαζί...», μουρμούρισε την ώρα που έβγαινε από την αίθουσα.

Η Πόπι προσπάθησε να της εξηγήσει, φωνάζοντάς της, καθώς την έβλεπε ν' απομακρύνεται: «Φροντίσαμε, αλλά...»

«Μη δίνεις σημασία στην Τάμσιν», της είπα. «Ας συνεχίσουμε την πρόβα μας».

Και συνεχίσαμε. Ήξερα ότι το πιο σωστό θα ήταν να ξεκινήσουμε από την αρχή, δυστυχώς, όμως, η έναρξη ήταν ένα από τα πιο περίπλοκα μέρη. Μετά το τρέξιμο στις μύτες, έπρεπε να σταθούμε εντελώς ακίνητες. Αυτή ήταν η στιγμή που τα δυο αστέρια καταλάβαιναν ότι βρίσκονταν μόνα τους, στον σκοτεινό ουρανό. Και τότε, μεμιάς, έπρεπε να περάσουμε σε δράση, σαν να αρχίζαμε να αναζητάμε η μια την άλλη.

Τα βήματα που είχα ετοιμάσει γι' αυτό το σημείο ήταν πολύ περίπλοκα κι έτσι, τη στιγμή που ακούσαμε τη μουσική της *révérence* από την Αίθουσα Ένα, η Πόπι δεν είχε προλάβει ακόμα να τα μάθει.

«Πρέπει να μπούμε στη σειρά, Πόπι. Σ' ένα λεπτό, ξεκινάει το μάθημα».

«Τζαζ! Δεν γίνεται να δείξουμε στη μις Κοραλί την παλιά βερσιόν;»

«Μη στενοχωριέσαι. Θα της εξηγήσω εγώ».

Μπορεί να ακουγόμουν ψύχραιμη, μέσα μου, όμως, έτρεμα ολόκληρη.

Όποτε βρισκόμαστε στη σειρά, περιμένοντας να μπούμε στην αίθουσα, στεκόμαστε όλες με εντελώς ίσια πλάτη. Αδύνατον να περιγράψω τι με πιάνει κάθε φορά που ανοίγει η πόρτα και βγαίνει η προηγούμενη τάξη. Βλέπω τα κορίτσια να τρέχουν ανάλαφρα δίπλα μου, ξαναμμένα και κατάκοπα, χωρίς να βγάζουν μιλιά, και νιώθω την καρδιά μου να σφίγγεται.

Κοίταξα τη Ρόουζ την ώρα που έβγαινε από την τάξη κι ανασήκωσα τα φρύδια μου, ρωτώντας την μ' αυτό τον τρόπο, αν το μάθημα πήγε καλά. Έγνεψε καταφατικά και καθώς περνούσε δίπλα από μένα και την Πόπι, ψιθύρισε: «Υποτίθεται πως η ομάδα μου παριστάνει την καλοκαιρινή αύρα, αλλά παραπονιούνται ότι εγώ την κάνω να μοιάζει με θύελλα!»

Ύστερα, γύρισε τις παλάμες της προς τα πάνω κι έκανε έναν μορφασμό, σαν να μην μπορούσε να καταλάβει για ποιο λόγο το έλεγαν αυτό.

«Να περάσει η επόμενη τάξη», ακούστηκε σταθερή η φωνή της μις Κοραλί.

Αυτομάτως, έκανα αυτό που μου είχε μάθει να κάνω η πρώτη δασκάλα μου στο μπαλέτο, η μις Ελεάνορ. Φαντάστηκα πως ήμουν μια μαριονέτα, που την τραβούσε ο παίχτης από ένα λεπτό κομμάτι σπάγγου, που ξεκινούσε από την κορυφή του κεφαλιού κι έφτανε μέχρι κάτω, στο στομάχι μου. Καθώς ο παίκτης τραβούσε, όλα τα μέρη του σώματός μου, από το στομάχι και πάνω, ανασηκώνονταν σε τέλεια ευθεία.

Η μις Κοραλί, ντυμένη στα μαύρα, εκτός από ένα πανέμορφο πράσινο γιλέκο που ταίριαζε με τα σκουλαρίκια της, βρισκόταν στην τρίτη στάση, παρατηρώντας μας με μάτι γερακίσιο, την ώρα που εμείς, με ανάλαφρα βήματα, τρέχαμε προς την *μπάρα.*

Μας περίμενε, μέχρι που πήραμε την πέμπτη στάση και μετά είπε: «Καλησπέρα, κορίτσια. Σήμερα θα κάνουμε ένα πολύ σύντομο ζέσταμα, γιατί θέλω να δω πώς πηγαίνουν τα χορευτικά σας. Θα περνάω εγώ από τις ομάδες σας».

«Λοιπόν...» Καθώς η κυρία Μάρσντεν, η πιανίστα σήκωνε τα χέρια της στον αέρα, για να παίξει τη μουσική για τα *πλιέ,* ετοιμαστήκαμε ν' ακούσουμε τις μαγικές λέξεις.

«*Preparation* και...»

Λατρεύω τα *πλιέ*. Δεν ξέρω αν αυτό συμβαίνει επειδή είναι το πρώτο πράγμα που κάνουμε κάθε φορά που αρχίζει το μάθημα, ή αν θα τ' αγαπούσα έτσι κι αλλιώς.

«Ωραία, Τζασμίν», είπε η μις Κοραλί καθώς περνούσε δίπλα μου.

Όταν η μις Κοραλί σού λέει «ωραία» ή «καλά» αισθάνεσαι υπέροχα, γιατί παλιά χόρευε στο Βασιλικό Μπαλέτο, που σημαίνει ότι έχει πολύ αυστηρά κριτήρια. Έτσι, μάλιστα, και σου πει κανένα «θαυμάσια», πετάς στα σύννεφα.

Αφού πρώτα κάναμε μερικά *battements tendus* και μερικά *grands battements,* η μις Κοραλί μάς ζήτησε να σχηματίσουμε ομάδες και ν' αρχίσουμε δουλειά.

«Ξέρω ότι δεν είναι το ίδιο χωρίς μουσική», μας είπε, «μπορείτε όμως να δουλέψετε την τεχνική και την έκφρασή σας. Αν μας μείνει καθόλου χρόνος, στο τέλος, μπορεί να δούμε ένα-δυο γκρουπ, με τη μουσική. Πιστεύω πως από την περασμένη Τρίτη, όλες είχατε αρκετό χρόνο για εξάσκηση».

Η μις Κοραλί έριξε μια ματιά στα γκρουπ. Η Πόπι μού σκούντησε το μπράτσο με τον αγκώνα της. Μου φάνηκε ότι ήθελε να πω κάτι. Δεν ήταν, όμως, η σειρά μας.

«Το γκρουπ του Ουράνιου Τόξου, τα κατάφερε να συναντηθεί;»

Ένα από τα γκρουπ είχε επτά κορίτσια. Παρόλο που η μις Κοραλί μάς είχε πει να σχηματίσουμε μικρές ομάδες, για να μπορούμε να συναντιόμαστε ευκολότερα ανάμεσα στα μαθήματα, είχε ενθουσιαστεί τόσο με την ιδέα του Ουράνιου Τόξου, που σ' αυτό το γκρουπ επέτρεψε να έχει επτά άτομα.

Όλα τα κορίτσια έγνεψαν καταφατικά, μια από αυτές, μάλιστα, είπε ότι είχαν καταφέρει να δουλέψουν ολόκληρο τον χορό.

«Τέτοια θέλω ν' ακούω», είπε η μις Κοραλί. Τους χαμογέλασε βιαστικά, σαν να μην είχε χρόνο για χάσιμο και κινήθηκε προς το γκρουπ της Τάμσιν.

«Κι εμείς επίσης το κάναμε ολόκληρο», είπε η Τάμσιν, φωναχτά όπως πάντα.

«Θαυμάσια», είπε η μις Κοραλί με την ίδια υποψία χαμόγελου. «Αλεξάνδρα και Μπέκι, πώς πάει η ιστορία σας για τη φιλονικία ανάμεσα στον Ήλιο και τον Βοριά;»

«Έχουμε ετοιμάσει το μεγαλύτερο μέρος», είπε η Αλεξάνδρα, «μόνο που η Μπέκι τις περισσότερες μέρες της εβδομάδας απουσίαζε από το σχολείο».

Έφτανε η σειρά μας, και το στόμα μου είχε αρχίσει να στεγνώνει. Νόμιζα πως θα μπορούσα εύκολα να εξηγήσω για ποιο λόγο το ξανάκανα όλο από την αρχή, τη στιγμή αυτή, όμως, η μις Κοραλί δεν φαινόταν σε κατάλληλη διάθεση για ν' ακούσει εξηγήσεις.

«Χαίρομαι που είσαι καλύτερα, Μπέκι. Και τα κορίτσια που έχουν αναλάβει τον Χορό των Αστεριών; Τζασμίν; Πόπι;»

Ένιωσα την Πόπι να με σκουντάει. Ξεροκατάπια.

«Υπάρχει κανένα πρόβλημα μ' εσάς τις δυο;»

«Όχι! Το ετοιμάσαμε όλο», είπε βιαστικά η Πόπι.

«Ωραία. Τότε ας στρωθούμε στη δουλειά», είπε η μις Κοραλί. Μετά κατευθύνθηκε και πάλι προς την ομάδα του Ουράνιου Τόξου.

Ξεροκατάπια πάλι και κοίταξα την Πόπι. Είχε κοκκινίσει τόσο, που μετά βίας διέκρινες τις φακίδες της. Την λυπήθηκα, αλλά ήμουν αποφασισμένη να μην επιστρέψω στον παλιό χορό.

«Ποτέ δεν θα μπορέσω να μάθω τα καινούρια βήματα, Τζαζ. Άσε που μετά θα πρέπει να μάθω όλο το υπόλοιπο».

«Θα τα καταφέρεις μια χαρά. Έλα τώρα...»

Κάναμε επανάληψη στα πρώτα δύσκολα βήματα, αλλά η Πόπι είχε πολύ τρακ και δεν μπορούσε να συγκεντρωθεί. «Θα ήταν πιο εύκολο αν είχαμε τη μουσική», είπε δαγκώνοντας τα χείλη της.

«Θα προσπαθήσω να το τραγουδήσω, εντάξει;»

Δεν είχαμε προλάβει ν' αρχίσουμε καλά καλά, όταν ακούστηκε έντονη η φωνή της Τάμσιν: «Τζασμίν, μπορείς να κάνεις ησυχία, σε παρακαλώ; Με μπερδεύεις».

Από την άλλη άκρη της αίθουσας, η μις Κοραλί μού έριξε ένα βλοσυρό βλέμμα.

Λίγη ώρα αργότερα, ένιωθα πολύ καλύτερα. Η Πόπι είχε μάθει τα βήματα καλά και είχαμε ξεκινήσει το δεύτερο μέρος.

«Είσαι σίγουρη πως είναι εντάξει;» ρώτησε η Πόπι. «Γιατί δεν το αισθάνομαι να κυλάει όπως στην προηγούμενη χορογραφία».

«Είναι επειδή δεν ακούμε τη μουσική – και χρειαζόμαστε και εξάσκηση μαζί», της είπα.

Ξαφνικά, είδαμε δίπλα μας τη μις Κοραλί.

«Πολύ ωραία, κορίτσια. Και τώρα, πάμε απ' την αρχή».

Ήθελα πολύ να της εξηγήσω το πώς είχαμε ετοιμάσει ολόκληρο τον χορό και μετά τον αλλάξαμε εντελώς, αλλά από το αστραφτερό βλέμμα της μις Κοραλί κατάλαβα πως ήταν πολύ βιαστική και δεν είχε χρόνο για συζητήσεις. Έτσι ξεκινήσαμε.

Η Πόπι εξακολουθούσε να έχει τρακ, αλλά κατάφερε να τελειώσει το πολύπλοκο κομμάτι και κάναμε επίσης και το επόμενο μέρος. Δεν κατάλαβα για πότε τελειώσαμε.

«Πού είναι ο υπόλοιπος χορός;» ρώτησε η μις Κοραλί.

«Να, ξέρετε, είχαμε ετοιμάσει ολόκληρο τον χορό», είπε η Πόπι, μασώντας τα λόγια της, «αλλά η Τζασμίν αποφάσισε να τον αλλάξει...»

Η μις Κοραλί στράφηκε απότομα και με κοίταξε: «Να τον αλλάξεις;»

«Για να τον κάνω καλύτερο», είπα ενώ αισθάνθηκα τα μάγουλά μου να φουντώνουν. «Το δούλεψα μέχρι το τέλος, μόνο που δεν είχαμε τον χρόνο...»

Τα μάτια της μις Κοραλί έπεσαν στο ρολόι πάνω από το πιάνο. «Φροντίστε μόνο μέχρι την επόμενη βδομάδα να τον έχετε τελειώσει, κορίτσια», είπε με απότομη φωνή.

Κατόπιν, χτύπησε παλαμάκια για να έρθει και όλη η υπόλοιπη τάξη να καθίσει μπροστά.

«Λοιπόν», είπε ζωηρά μόλις έγινε ησυχία, «θυμόσαστε ότι ο τίτλος της παράστασης είναι *"Σκιές της Φύσης"*, αλλά μήπως ξέρει καμιά σας να μου πει σε ποια πλευρά της Φύσης δεν έχουμε αναφερθεί ακόμα;»

Όλες βάλαμε τα δυνατά μας να σκεφτούμε.

«Μήπως στα ψάρια;» ρώτησε η Ιζαμπέλ μετά από λίγο.

Η μις Κοραλί κούνησε αρνητικά το κεφάλι. Άκουσα την Τάμσιν να γελάει πνιχτά.

«Μήπως στον αέρα;» ρώτησε η Ίμυ.

«Όχι, αλλά μ' αρέσει η ιδέα σου. Λοιπόν, είναι...»

Εκείνη ακριβώς τη στιγμή, μου ήρθε η έμπνευση: «Οι άνθρωποι;»

«Μπράβο, Τζασμίν. Η ανθρώπινη ύπαρξη. Ο κόσμος. Η γέννηση και η ανάπτυξη. Και τώρα, θα σας παρουσιάσω ένα χορό πάνω στη μουσική που συνέθεσε η άξια πιανίστα μας, η κυρία Μάρσντεν».

Όλες στρέψαμε το βλέμμα προς την κυρία Μάρσντεν. Έμοιαζε αμήχανη, σαν να μην περίμενε από τη μις Κοραλί να αναφέρει το όνομά της εκείνη τη στιγμή.

«Τον έχω ονομάσει *ΖΩΗ* και θα είναι ένας χορός που θα περιλαμβάνει μαθήτριες απ' όλες τις ηλικίες. Από κάθε τάξη, θα διαλέξω μόνο ένα άτομο που θα την εκπροσωπήσει και ο χορός θα αποτελέσει το *φινάλε* της παράστασης».

Τη στιγμή εκείνη, όλες ισιώσαμε ακόμα περισσότερο την πλάτη μας. Είδα τη μις Κοραλί και την κυρία Μάρσντεν να κοιτάζουν η μια την άλλη. Ήταν ένα απ' αυτά τα βλέμματα που συχνά ανταλλάσσουν οι μεγάλοι μεταξύ τους. Ο μπαμπάς και η μαμά, λόγου χάρη, το κάνουν αυτό πολύ συχνά.

Μόλις τα σκέφτηκα όλα αυτά, μ' έπιασε σφίξιμο στο στομάχι. Λαχταρούσα τόσο πολύ να επιλεγώ για τον χορό της *Ζωής*, κάτι τέτοιο όμως θα σήμαινε επιπλέον πρόβες και ήμουν σίγουρη ότι δεν θα με άφηναν από το σπίτι.

«Η χορογραφία μου για τον χορό της *Ζωής* είναι γεμάτη από σύντομες χορευτικές αναπαραστάσεις της καθημερινότητας. Όπως αυτή εδώ».

Καθώς η μις Κοραλί άρχισε να κινείται, η σιωπή έγινε ακόμη πιο βαριά.

Ύψωσε τα χέρια της πολύ αργά και ξεδίπλωσε τα δάχτυλά της, με μια αιθέρια κίνηση. Κατόπιν, κρατώντας τέλεια ισορροπία στάθηκε στις μύτες των ποδιών κι έκανε δυο περιστροφές με τη φούστα να ανεμίζει πίσω της. Μου θύμισε μαστίγιο που έσκιζε τον αέρα. Τα χέρια της κινούνταν ανάλαφρα πάνω από το κεφάλι της, μόλις όμως σταμάτησε την πιρουέτα τα κατέβασε σε στάση προσευχής.

Για μια στιγμή βρέθηκα στα σύννεφα, προσπαθώντας να φανταστώ και τον υπόλοιπο χορό, αλλά ένας δυνατός χτύπος με προσγείωσε. Η μις Κοραλί είχε ξαναβρεί τον δυναμικό εαυτό της, και τίποτα δεν θύμιζε ότι είχε πει έστω και μια λέξη σχετικά με τον καινούριο χορό.

«Γρήγορα, όλες στη σειρά για την *υπόκλιση,* παρακαλώ».

Τρέξαμε όλες, περπατώντας στις μύτες κι ετοιμαζόμασταν για την υπόκλιση, όταν η μις Κοραλί είπε ξαφνικά:

«Τζασμίν, μπορείς να έρθεις να με δεις μετά;»

«Αυτό σημαίνει ότι διαλέξατε την Τζασμίν;» ρώτησε η Τάμσιν με ασυνήθιστα χαμηλή φωνή.

«Δεν έχω αποφασίσει ακόμα», ήταν η απάντηση.

Μ' έπιασε ταχυκαρδία. Μήπως ήθελε να με δει για τελείως διαφορετικό λόγο; Μήπως είχε θυμώσει επειδή δεν είχαμε ετοιμάσει τον χορό μας;

Μόλις τελείωσε η μουσική της υπόκλισης, μπήκαμε όλες στη σειρά κι αρχίσαμε να βγαίνουμε έξω.

Πηγαίνοντας μπροστά, είδα με την άκρη του ματιού μου την Τάμσιν.

Έκοβε βόλτες εκεί γύρω, με την ελπίδα ν' ακούσει τι θα μου έλεγε η μις Κοραλί. Αλλά η μις Κοραλί μιλούσε με την κυρία Μάρσντεν και όταν τελείωσαν η τάξη είχε αδειάσει, οπότε η Τάμσιν αναγκάστηκε να φύγει κι αυτή.

Μόλις αντίκρισα το σοβαρό πρόσωπο της μις Κοραλί, με έπιασε τρομερό τρακ. Έμεινα ακίνητη, εκτός από τα πόδια μου που έτρεμαν.

«Τζασμίν», άρχισε, «σκέφτηκα εσένα για να εκπροσωπήσεις την τάξη σου στον χορό της *Ζωής*».

«*Ζήτωωωωωω!*» μου 'ρθε να ουρλιάξω από χαρά. Οι επόμενες λέξεις της, όμως, έκαναν τη χαρά μου να ξεφουσκώσει σαν σκασμένο μπαλόνι.

«... όμως, αφενός δεν θέλω να σε φορτώσω με περισσότερες πρόβες, μια κι απ' ό,τι φαίνεται έχεις πολλή δουλειά για την *"Αστροφεγγιά"* σου, αφετέρου πρέπει να μιλήσω με τους γονείς σου, σχετικά με τις επιπλέον πρόβες που θα χρειαστούν για τον χορό της *Ζωής*. Θα γίνονται κάθε Πέμπτη στις 4.15 και πρέπει να τις παρακολουθείς οπωσδήποτε, γι' αυτό, αν δεν έχεις χρόνο, θα πρέπει να το ξέρω το συντομότερο ώστε να φροντίσω να βάλω κάποια άλλη στη θέση σου».

Η τρεμούλα απλώθηκε από τα πόδια σ' ολόκληρο το κορμί μου.

«Είπατε ότι θα τηλεφωνήσετε στους γονείς μου, μις Κοραλί;»

«Εννοείται».

Κούνησα το κεφάλι χωρίς να πω λέξη, ενώ το μυαλό μου έτρεχε μίλια μακριά.

Το ότι θ' αναλάμβανε η μις Κοραλί να μιλήσει στους γονείς μου, ήταν καλό. Αν μιλούσα εγώ, ο μπαμπάς θα έλεγε ότι την Πέμπτη έχω μάθημα πιάνου – και η συζήτηση θα τελείωνε εκεί.

«Έεεε... Πόσες περίπου επιπλέον πρόβες λέτε να χρειαστούν;»

«Τρεις με τέσσερις. Κι όταν φτάσει ο καιρός που θ' αρχίσουμε να δένουμε τα κομμάτια μεταξύ τους, θα χρειαστούν μερικές ακόμα, γιατί η παράσταση θα αποτελείται από δύο μέρη». Η μις Κοραλί με κοιτούσε προσεκτικά. «Μπορώ λοιπόν να τηλεφωνήσω απόψε;»

Κούνησα και πάλι το κεφάλι καταφατικά. Τα μάτια της είχαν καρφωθεί στα δικά μου κι αναρωτήθηκα αν μπορούσε να διαβάσει τη σκέψη μου: ότι δηλαδή, δεν θα γινόταν τίποτα. Ο μπαμπάς δεν θα με άφηνε, και υπήρχαν φορές που τον μισούσα γιατί δεν μου επέτρεπε να κάνω αυτό που αγαπούσα περισσότερο.

5 Κουβεντιάζοντας στο Σκοτάδι

«Τι συμβαίνει, Τζασμίν;»

Βρισκόμαστε μέσα στο αμάξι, στον δρόμο για το σπίτι κι εγώ καθόμουν στη θέση του συνοδηγού, έχοντας αγκαλιάσει με τα χέρια μου το πάνω μέρος του σώματός μου. Η θλίψη μου είχε μετατραπεί σε θυμό.

«Είναι άδικο».

«Τι πράγμα είναι άδικο;»

«Με διάλεξαν για το σημαντικότερο, το καλύτερο μέρος όλης της παράστασης όπου θα πάρει μέρος ένα μονάχα άτομο από κάθε τάξη, κι εγώ δεν θα μπορέσω να χορέψω εξαιτίας αυτού του παλιο…» Φοβήθηκα να πω την αλήθεια, γιατί η μαμά θα θύμωνε. «Εξαιτίας αυτού του παλιοπιάνου».

«Και τι φταίει το πιάνο;»

«Γιατί οι επιπλέον πρόβες θα γίνονται Πέμπτη».

Η μαμά δεν είπε τίποτα. Και οι δυο μας ξέραμε ότι στην πραγματικότητα το εμπόδιο ήταν ο μπαμπάς, μια κι εκείνος είχε αποφασίσει ν' αρχίσω μαθήματα πιάνου.

Ξαφνικά μου 'ρθε η επιθυμία να κάνω τη μαμά να υποφέρει, επειδή ήταν με το μέρος του μπαμπά κι όχι με το δικό μου. «Απόψε θα τηλεφωνήσει η μις Κοραλί, αλλά δεν νομίζω ότι θ' αλλάξει τίποτα. Έτσι δεν είναι;»

«Δεν νομίζω ότι μπορούμε να έχουμε την απαίτηση από την κυρία Γουόγκχορν να σ' αφήνει να χάνεις ένα μεγάλο μέρος της περιόδου, κάθε που προκύπτει κάτι άλλο στη ζωή σου. Άλλωστε, όταν ξεκινούσες τα μαθήματα πιάνου, σου ξεκαθάρισε πως η εκμάθηση ενός οργάνου προϋποθέτει δέσμευση».

«Μα εγώ δεν θέλησα ποτέ να μάθω».

Η μαμά ξεφύσησε. «Αλλιώς τα θυμάμαι εγώ. Εκλιπαρούσες για ν' αρχίσεις μαθήματα πιάνου».

«Ναι, αλλά αυτό συνέβη πριν καταλάβω πόσο πολύ αγαπάω το μπαλέτο».

Η μαμά έσφιξε τα χείλη της και προσηλώθηκε στον δρόμο, λες και οδηγούσε σε αγώνες.

Παρόλο που καταλάβαινα ότι συμπεριφερόμουν σαν μωρό, στριφογύρισα μέσα στο κάθισμά μου με δεμένη τη ζώνη ασφαλείας μέχρι που κατάφερα να την βλέπω κατάματα. «Δεν μπορείς να πείσεις τον μπαμπά να μ' αφήσει να πάω σ' αυτές τις λίγες πρόβες, μια φορά τη βδομάδα; Σε ικετεύω!»

Ένωσα τα χέρια μου ικετευτικά, αλλά η μαμά κρατούσε τα μάτια της καρφωμένα στον δρόμο, κι έτσι ούτε που με είδε.

«Σε άφησε να παρακολουθήσεις επιπλέον μαθήματα για τις εξετάσεις σου, το περασμένο τρίμηνο».

Ένα ξαφνικό ξέσπασμα ελπίδας πλημμύρισε την ύπαρξή μου. «Δηλαδή, πιστεύεις ότι μπορεί να με ξαναφήσει;»

Γέλασε ανάλαφρα. «Όχι, *σερί.* Αυτό που εννοώ, είναι ότι δεν *γίνεται* κάθε τρεις και λίγο να ζητάς απ' τον μπαμπά κάτι έξτρα».

Καθώς ξαναπήρα την προηγούμενη στάση μου, καμπουριάζοντας, και με τα χέρια ν' αγκαλιάζουν ακόμα πιο σφιχτά το κορμί μου, το ξέσπασμα της ελπίδας μέσα μου, πέθανε από ασφυξία! Τώρα πια αντιδρούσα εντελώς σαν μωρό, δεν μπορούσα όμως να κρατηθώ.

«Είναι άδικο!»

Μόλις φτάσαμε στο σπίτι, προσπάθησα ξανά. Η μαμά έφτιαχνε τσάι και σιγομουρμούριζε έναν σκοπό, αλλά εγώ την διέκοπτα συνεχώς.

«Τι ώρα γυρίζει, τέλος πάντων;»

«Εννοείς ο πατέρας σου;»

«Ναι!»

Μια και ήταν ολοφάνερο ότι εννοούσα τον μπαμπά, δεν μπόρεσα να κρατηθώ και της μίλησα απότομα. Αμέσως όμως το μετάνιωσα, γιατί η μαμά μού έριξε μια γρήγορη ματιά με ανασηκωμένα φρύδια και το υπόλοιπο πρόσωπο ανέκφραστο. Το μισώ αυτό. Είναι ο τρόπος της να σε μαλώνει χωρίς λόγια, και σε κάνει να αισθάνεσαι πολύ χειρότερα απ' ό,τι μια κανονική παρατήρηση. Θα πρέπει να την έφτασα στα όριά της.

«Τι ώρα γυρίζει ο μπαμπάς;» ρώτησα, με ήρεμη φωνή αυτή τη φορά.

«Πιθανόν να καθυστερήσει. Και θα είναι κουρασμένος».

Έχω συνηθίσει να βλέπω τον μπαμπά κουρασμένο. Δεν είναι απλός γιατρός, κάνει και εγχειρήσεις. Όποτε συμβαίνει αυτό, κουράζεται περισσότερο από κάθε άλλη φορά κι επιστρέφει στο σπίτι με μάτια που κλείνουν από τη νύστα.

«Δεν μπορείς να του πεις ότι αυτή είναι η τελευταία φορά που ζητάω επιπλέον πρόβες;»

«Αυτό ακριβώς του είπα και την περασμένη φορά. Πόσα λουκάνικα θέλεις;»

Ένιωσα να θυμώνω και πάλι. «Δεν ξέρω. Άλλωστε, δεν έχει σημασία. Έτσι δεν είναι;»

Με την άκρη του ματιού μου έβλεπα τη μαμά έτοιμη να ξαναφορέσει τη μάσκα της παγωμάρας. Στεκόταν εντελώς ακίνητη, με τη σπάτουλα στο χέρι. Κατάλαβα ότι θα ήταν προτιμότερο να της έδινα μια απάντηση. «Δύο, σε παρακαλώ».

Όταν αργότερα χτύπησε το τηλέφωνο και η μαμά πήγε να το σηκώσει, κάθισα, ένωσα τους αντίχειρές μου κι άρχισα να μουρμουρίζω από μέσα μου μια προσευχή.

«Εμπρός! Καλησπέρα, μις Κοραλί... Ναι, μου μίλησε η Τζασμίν».

Αχ, μακάρι να μπορούσα ν' ακούσω τι ακριβώς έλεγε η μις Κοραλί στην άλλη άκρη του τηλεφώνου.

Το πρόσωπο της μαμάς δεν φανέρωνε τίποτα. Κουνούσε συνεχώς το κεφάλι, επαναλαμβάνοντας, «Καταλαβαίνω». Τελικά είπε: «Θα πρέπει να μιλήσω με τον σύζυγό μου, αλλά το πρόβλημα είναι ότι κάθε Πέμπτη η Τζασμίν έχει μάθημα πιάνου».

Κράτησα την αναπνοή μου, περιμένοντας να δω τι θα έλεγε μετά. Μου φάνηκε σαν να πέρασε ένας αιώνας. «Μα, ναι. Ασφαλώς. Θα σας ενημερώσω αύριο κιόλας... Εντάξει.... Ευχαριστώ πολύ. Καληνύχτα».

Έριξα στη μαμά μια άγρια ματιά, αλλά δεν είπα κουβέντα. Δεν υπήρχε, άλλωστε, τίποτα να πούμε.

«Τζασμίν, δεν ήρθε δα και το τέλος του κόσμου. Θα εξακολουθήσεις να χορεύεις με την Πόπι, κι αυτό είναι το πιο σημαντικό».

«*Όχι και τόσο σημαντικό όσο ο χορός της Ζωής*», σκεφτόμουνα από μέσα μου ενώ την ίδια στιγμή έλεγα: «Μπορείς να ρωτήσεις τον μπαμπά απόψε;»

«Ασφαλώς. Και αύριο θα τηλεφωνήσω στη μις Κοραλί».

Χρειάστηκε να καταβάλω μεγάλη προσπάθεια για να κρατήσω τα μάτια μου ανοιχτά, καθώς ήμουν ξαπλωμένη στο κρεβάτι μου και περίμενα ν' ακούσω τον ήχο του κλειδιού του μπαμπά στην εξώπορτα. Ήξερα ότι θ' αργούσε, αλλά δεν φανταζόμουνα ότι θ' αργούσε *τόσο πολύ!*

Είχα αφήσει αναμμένο το φωτάκι της νύχτας, και μπορούσα να δω στο ξυπνητήρι-Καρυοθραύστη που βρισκόταν στο κομοδίνο μου ότι η ώρα ήταν 10.25΄. Ίσως θα 'ταν καλύτερα να τα παρατήσω και να πέσω για ύπνο. Επειδή όμως η μαμά είχε υποσχεθεί να τον ρωτήσει σχετικά με τις πρόβες μόλις θα έμπαινε, περίμενα να έρθει για να βγω στο κεφαλόσκαλο να κρυφακούσω.

Θα πρέπει να είχα αποκοιμηθεί, γιατί ξαφνικά τινάχτηκα από τον θόρυβο της μπροστινής πόρτας, που έκλεινε. Την ίδια στιγμή βρέθηκα όρθια, με μάτια ορθάνοιχτα κι αφτιά τεντωμένα. Ήξερα ότι ήταν κουτό από μέρους μου. Σίγουρα, η μαμά δεν επρόκειτο να του μιλήσει αμέσως μόλις θα έμπαινε μέσα. Όμως...

Κρακ. Αυτός ο ήχος ερχόταν από το κεφαλόσκαλο του επάνω ορόφου. Αχ! Όχι! Τι θα έκανα αν ήταν ο μπαμπάς; Κι αν έβαζε το κεφάλι του στο δωμάτιό μου;

Ήξερα ότι αυτό το έκαναν συχνά κι οι δυο τους. Με την ίδια ταχύτητα που πετάχτηκα έξω, γύρισα κι έπεσα πάλι στο κρεβάτι, κλείνοντας βιαστικά τα μάτια μου, παριστάνοντας την κοιμισμένη. Όμως, δεν μπορούσα να μείνω ίσια και εντελώς ακίνητη, σαν πεθαμένη. Έσφιγγα τόσο πολύ τα μάτια μου που τα ένιωθα να κάνουν συσπάσεις.

«Τζασμίν, μπορώ να δω πολύ καλά ότι είσαι ξύπνια», είπε ο μπαμπάς με χαμηλή φωνή.

Η καρδιά μου χτυπούσε σαν τρελή, καθώς άνοιγα τα μάτια και ανακάθιζα, λέγοντας τις πρώτες λέξεις που μου ήρθαν στο μυαλό: «Δεν μ' έπαιρνε ο ύπνος, μπαμπά...»

Με κοίταξε σαν να με λυπόταν, κι αυτό ήταν που μου έδωσε κουράγιο να συνεχίσω: «Βλέπεις, σκεφτόμουν τη μις Κοραλί...»

Μόλις ξεστόμισα αυτές τις λέξεις, ευχήθηκα να μπορούσα να τις πάρω πίσω. Τώρα, όμως, έπρεπε να συνεχίσω.

«Το πρόβλημα είναι ότι θέλει πάρα πολύ να πάρω μέρος στο χορευτικό που έχει ετοιμάσει, μ' ένα πολύ ξεχωριστό κομμάτι».

«Το ξέρω, Τζασμίν. Αυτό έχει γίνει ήδη μια φορά. Θα βάλω τα δυνατά μου για να τα καταφέρω. Σου θυμίζει τίποτα αυτό; Σήμερα έχουμε 27 του μήνα, έτσι δεν είναι;»

Η φωνή του ακουγόταν απαλή κι ευγενική. Κι επιπλέον, μου χαμογελούσε κουρασμένα. Ήταν όμως φανερό πως δεν καταλάβαινε ότι συζητούσαμε για δυο διαφορετικά πράγματα. Ήταν τόσο καλοδιάθετος, που αποφάσισα να συνεχίσω:

«Η μις Κοραλί διάλεξε εμένα απ' όλη την τάξη, για να χορέψω τον χορό του *φινάλε*. Θα πάρει μόνο ένα κορίτσι από κάθε τάξη κι έχει κάνει η ίδια τη χορογραφία. Υπάρχουν μερικές επιπλέον πρόβες κάθε Πέμπτη».

Τα είπα λίγο μπερδεμένα, για να μην ακουστεί ιδιαίτερα η λέξη *«Πέμπτη»*.

«Είπα στη μις Κοραλί πως δεν θα είχες αντίρρηση, μια και πρόκειται για κάτι τόσο σημαντικό...»

«Μερικές επιπλέον πρόβες;»

Αυτή τη φορά δεν ακουγόταν τόσο καλοσυνάτος και κουρασμένος.

«Τρεις με τέσσερις... Και οι γενικές, ίσως διαρκέσουν λίγο παραπάνω». Κράτησα την αναπνοή μου.

Ο μπαμπάς αναστέναξε. «Είναι πάρα πολύ αργά για να συζητήσουμε αυτή τη στιγμή, Τζασμίν. Πρέπει να πέσεις για ύπνο, διαφορετικά αύριο δεν θα είσαι σε θέση να συγκεντρωθείς στο σχολείο».

Την ώρα που έκλεινε την πόρτα πίσω του, μου φάνηκε σάμπως ένα φωτάκι μέσα στο κεφάλι μου να είχε σβήσει. Δεν είχε πει ακριβώς όχι, πάντα όμως μπορώ να καταλάβω πότε είναι έτοιμος να το πει. Δάκρυα μου γαργαλούσαν τα μάγουλα. Δεν ήξερα ότι μπορούν να τρέξουν και μέσα από κλειστά μάτια.

5 Εξωγήινοι Καρυοδραύστες

«Τζαμάτο!» Είναι Σάββατο απόγευμα και η Ρόουζ βρίσκεται ξαπλωμένη μπρούμυτα στο κρεβάτι μου. Η Πόπι κι εγώ, μόλις τώρα της παρουσιάσαμε τον χορό τελειωμένο, με τη μουσική. «Πραγματικά έχετε ταλέντο», προσθέτει, πηδώντας όρθια.

Και ξαφνικά μιλάει με ψιλή, προσποιητή φωνή. «Όχι, όμως, όσο εγώ!»

Είναι φανερό ότι παριστάνει την Τάμσιν. «Και τώρα *εγώ* θα είμαι η μόνη από την τάξη που θα χορέψει τον χορό της *Ζωής*. Τι καλά! Αυτό σημαίνει ότι το κοινό θα κοιτάζει εμένα περισσότερο από ποτέ!»

Βάζουμε κι οι δυο τα γέλια. «Σαν να ακούω την ίδια», λέω.

Η Ρόουζ κάθεται στο πάτωμα. «Δεν σε πειράζει που δεν θα είσαι στον χορό της *Ζωής,* Τζαζ;»

Αναστέναξα «Όχι πια... Βλέπεις, το ήξερα ότι δεν θα με άφηναν».

Αυτό δεν είναι εντελώς αλήθεια. Μερικές φορές, όταν είμαι μόνη, αισθάνομαι τελείως δυστυχισμένη. Άλλες πάλι, και ειδικά όταν σκέφτομαι πώς το έσκασε ο μπαμπάς το επόμενο πρωί μετά την κουβέντα μας εκείνη τη νύχτα, γίνομαι έξαλλη. Έτσι, ανέλαβε η μαμά να μου πει ότι δεν με άφηναν. Η μαμά επίσης τηλεφώνησε στη μις Κοραλί, και στο επόμενο μάθημα μάθαμε ότι είχε διαλέξει την Τάμσιν. Τώρα πια, όμως, το έχω σχεδόν ξεπεράσει και έχω μεγάλη αγωνία για τον χορό της *«Αστροφεγγιάς».* Κάθε φορά που κάνουμε πρόβα, αισθάνομαι υπέροχα.

Η Ρόουζ μισόκλεισε τα μάτια κι έσφιξε τις γροθιές της. «Λοιπόν, εγώ αν ήμουν στη θέση σου θα είχα θυμώσει τόσο πολύ που θα έκανα άνω-κάτω το δωμάτιό μου και θα σήκωνα τον κόσμο στις φωνές. Μόλις δω τον μπαμπά σου θα του τα ψάλω ένα χεράκι – θα δεις!»

«Άσ' το καλύτερα, γιατί δεν θα ξαναπατήσεις ποτέ σ' αυτό το σπίτι», είπε η Πόπι ανήσυχη.

Η Ρόουζ δεν απάντησε. Είχε βάλει στο μάτι ένα βιβλίο από τη βιβλιοθήκη μου και το τραβούσε έξω. Στην αρχή σκέφτηκα ότι θα το εκσφενδόνιζε απ' το παράθυρο του υπνοδωματίου μου, εκείνη όμως άρχισε να το ξεφυλλίζει. Ένα λεπτό αργότερα, είχε κολλήσει στις σελίδες του. «Ε! Εδώ λέει όλους τους λόγους για τους οποίους το μπαλέτο σού κάνει καλό», είπε, σηκώνοντας τα μάτια της. «Αυτό πρέπει να το δείξεις στον πατέρα σου, το ξέρεις, Τζαζ;»

Αναστέναξα. «Δεν υπάρχει λόγος. Δεν τα βγάζεις πέρα μαζί του. Βλέπεις, πιστεύει ότι έχει πάντα δίκιο».

«Κι όλα αυτά που γράφει εδώ;» Η Ρόουζ χτύπησε το βιβλίο με το δάχτυλό της. «Δύναμη, αντοχή, ευλυγισία, συντονισμός, ισορροπία, σωστή στάση, αυτοσυγκέντρωση, ακουστικές δεξιότητες, μνήμη, εμπιστοσύνη, δημιουργικές ικανότητες και γενικές γνώσεις. Τζαζ, είμαι σίγουρη πως έτσι και τα γνώριζε όλα αυτά ο πατέρας σου, θα άλλαζε γνώμη».

«Σου ορκίζομαι πως δεν θα άλλαζε. Πιστεύει ότι ένα Πτυχίο* είναι πιο σημαντικό απ' όλη αυτή τη λίστα».

«Λοιπόν, τέλος πάντων...» Η Ρόουζ άρχισε να στριφογυρίζει πέρα-δώθε. «Πάω στην τουαλέτα».

Μόλις έφυγε, η Πόπι στράφηκε προς το μέρος μου. «Πού *βρίσκεται* αυτή τη στιγμή ο πατέρας σου;»

«Μην ανησυχείς, είναι στο γυμναστήριο».

«Ουφ! Φοβάμαι τόσο πολύ μπας και του πει τίποτα η Ρόουζ, και...»

Ωστόσο, η Πόπι δεν πρόλαβε ν' αποτελειώσει τη φράση της, γιατί κι οι δυο ακούσαμε καθαρά τη φωνή του μπαμπά από κάτω.

Πάγωσα ολόκληρη. «Αχ! Μη μου πεις. Γύρισε κιόλας!» Κι αμέσως πετάχτηκα έξω από το δωμάτιό μου, για να προλάβω τη Ρόουζ πριν του πει οτιδήποτε.

---

* Στο αγγλικό κείμενο, SATs: Πιστοποιητικό γλωσσομάθειας για το επίπεδο γνώσεων μεταξύ Lower και Proficiency (Σημ.τ.Μετ.)

Ωχ! Πολύ αργά. Καθώς έσκυβα πάνω από την κουπαστή της σκάλας, είδα τη Ρόουζ να στέκεται στο χολ, μαζί με τον μπαμπά. Η Πόπι, σαν αστραπή, ήρθε και στάθηκε δίπλα μου. Έκλεισε το στόμα της με το χέρι, για μην της ξεφύγει καμιά κραυγή και απομείναμε κρεμασμένες εκεί, να βλέπουμε και ν' ακούμε, με τις καρδιές μας να σφυροκοπάνε από την αγωνία.

«Καλημέρα, γιατρέ».

Ένιωσα να μου κόβεται η ανάσα. Η Ρόουζ χαμογελούσε και άπλωνε το χέρι στον μπαμπά. Εκείνος της έσφιξε το χέρι σαστισμένος «Εσύ είσαι η...;»

«Ρόουζ Μπέντφορντ. Φίλη της Τζαζ». Αμέσως μετά, έδειξε τη φωτογραφία που κρεμόταν πίσω από την πλάτη του μπαμπά.

«Πο, πο! Πολύ κούκλος ήσαστε στα νιάτα σας, καλά δεν λέω;»

«Ε... δηλαδή...», είπε ο μπαμπάς. Πρώτη φορά τον άκουγα να μην ξέρει τι να απαντήσει.

«Κι εδώ που τα λέμε, και τώρα δεν φαίνεστε καθόλου τρομακτικός».

Αυτή τη φορά, μου κόπηκε για τα καλά η ανάσα.

«Δηλαδή... εγώ...»

Η Ρόουζ δεν περίμενε απάντηση, απλώς εξακολούθησε να μιλάει:

«Τέλος πάντων. Άλλο θέλω να πω εγώ. Τώρα δα αναρωτιόμουν, γιατί δεν αφήνετε την Τζαζ να πάρει μέρος στις επιπλέον πρόβες για τον χορό της *Ζωής;* Είναι πολύ στενοχωρημένη, ξέρετε».

Η Πόπι κόλλησε πάνω μου. Ένιωθα το χέρι της να τρέμει και ήμουν βέβαιη ότι το ίδιο συνέβαινε και με το δικό μου.

Αμέσως, το βλέμμα του μπαμπά έχασε τη σαστισμένη του έκφραση και μίλησε βιαστικά, σάμπως η συζήτηση να μην τον ενδιέφερε πλέον. «Η Τζασμίν μαθαίνει πιάνο... Δεν μπορεί να τα προλάβει όλα». Κι αμέσως, ξεκίνησε να φύγει.

«Το μπαλέτο, όμως, είναι το πιο σημαντικό πράγμα στη ζωή της, γιατρέ».

Η Πόπι μού έσφιξε το τρεμάμενο χέρι. Ο μπαμπάς σταμάτησε να περπατάει και γύρισε το κεφάλι του. Κοίταξε τη Ρόουζ μισο-χαμογελώντας και της μίλησε υπομονετικά, σαν να την θεωρούσε κάπως χαζή:

«Άκουσε να σου πω κάτι, Ρόουζ. Αυτή δεν είναι δική σου δουλειά».

«Δεν μοιάζει καθόλου φοβισμένη», μου ψιθύρισε η Πόπι στο αφτί.

Δεν απάντησα. Ήμουν πολύ απασχολημένη ν' ακούω τη Ρόουζ. Και δεν μπορούσα να πιστέψω στ' αφτιά μου. «Τώρα, εδώ που τα λέμε, γιατρέ μου, *είναι* και λιγάκι δουλειά μου. Βλέπετε, η Τζαζ συμβαίνει να είναι φίλη μου».

Η Πόπι κι εγώ κρατήσαμε την αναπνοή μας. Τώρα η Ρόουζ την είχε πατήσει.

Ο μπαμπάς τίναξε απότομα το κεφάλι του. Είδα τα μάτια του ν' αστράφτουν. Η Ρόουζ δεν φαινόταν να το έχει πάρει είδηση. Εξακολουθούσε να κελαηδάει:

«Και κάτι ακόμα... Ξέρετε, έριξα μια ματιά σ' αυτό το βιβλίο που μιλάει για το μπαλέτο. Και λέει ότι το μπαλέτο μπορεί πραγματικά να σε βοηθήσει στη σχολική μελέτη, και *ειδικά* στη μελέτη των...»

Στραβοκατάπια κι ένιωσα τους ώμους της Πόπι ν' ανασηκώνονται.

Αλληλοκοιταχτήκαμε, έτοιμες να επέμβουμε. Η Πόπι είχε χάσει εντελώς το χρώμα της και οι φακίδες της φαίνονταν περισσότερο από κάθε άλλη φορά.

Η Ρόουζ είχε ορθώσει τον αντίχειρα του αριστερού της χεριού, έτοιμη ν' αρχίσει ν' απαριθμεί τη λίστα. «Αν δεν τα ξέρετε ήδη, ακούστε σε πόσα πράγματα κάνει καλό το μπαλέτο...»

Άρχισε να αραδιάζει όλες τις λέξεις που είχε διαβάσει στο βιβλίο. Μου φάνηκε απίστευτο, το πόσο καλά τις θυμόταν. «"Δύναμη, αντοχή, ευλυγισία, συντονισμός, ισορροπία, σωστή στάση, αυτοσυγκέντρωση, ακουστικές δεξιότητες, μνήμη, εμπιστοσύνη, δημιουργικές ικανότητες και γενικές γνώσεις..."»

Ο μπαμπάς κοιτούσε το χαλί. Μου φάνηκε ότι περίμενε να τελειώσει η Ρόουζ, για να ξεσπάσει μια και καλή.

Κράτησα την αναπνοή μου. Η Ρόουζ δεν μιλούσε πια. Σίγουρα της είχε τελειώσει η λίστα.

Αλλά, ένα λεπτό αργότερα, άγγιζε και πάλι ελαφρά τα δάχτυλά της καθώς ξανάρχιζε να μιλάει. Αυτή τη φορά, όμως, έλεγε ό,τι της κατέβαινε: «*“Ανσάμπλ, πιρουέτες, αραμπέσκ, σασέ, πλιέ, περσπιρασιόν...”*»

Κοίταξα τον μπαμπά. Είχε χαμηλώσει το κεφάλι στο στήθος του. Όπου να ’ναι, θα έσκαγε η βόμβα. Αλλά... Θεέ μου! Τι στην ευχή έλεγε τώρα;

«*“Ενέργεια, ρεβεράνς, πα ντε σα, εξπρεσιόν, μπατμάν ταντί,* επίθετο και εξωγήινοι καρυοθραύστες”...»

«Τι λέει τώρα;» βόγκησα, ενώ συγχρόνως αρπαζόμουν από την Πόπι και περίμενα την έκρηξη.

Αμέσως μετά, έπαθα το σοκ της ζωής μου γιατί ο μπαμπάς σήκωσε το κεφάλι του και μπορούσα να διακρίνω δάκρυα, έτοιμα να κυλήσουν από τα μάτια του. Φαινόταν να τρέμει. Τι συνέβαινε; Δεν νομίζω να τον είχε κάνει η Ρόουζ να ντρέπεται για τον εαυτό του! Άρπαξα την Πόπι από το χέρι και κατεβήκαμε τα σκαλιά. Τη στιγμή, όμως, που φτάναμε στο τελευταίο σκαλοπάτι, ο μπαμπάς έπεσε με φόρα πάνω στον τοίχο, βγάζοντας έναν ήχο που μου θύμισε έναν ευτυχισμένο χιμπαντζή που είχα δει κάποτε στην τηλεόραση. Ακριβώς τη στιγμή εκείνη κατάλαβα ότι *ο μπαμπάς μου* γελούσε. Γελούσε σαν τρελός.

Το πρόσωπο της Ρόουζ φωτίστηκε από ένα χαμόγελο επιδοκιμασίας. «Ώστε, τελικά, δεν είστε και τόσο τρομερός. Απλώς προσποιείστε, έτσι δεν είναι;»

Ο μπαμπάς κούνησε το κεφάλι του. «Είσαι... απίστευτη!» είπε ξεκαρδισμένος στα γέλια.

Τότε, από την κουζίνα εμφανίστηκε η μαμά, με μια πετσέτα στα χέρια και ύφος εντελώς σαστισμένο: «Τι το αστείο συμβαίνει;»

Ο μπαμπάς στράφηκε προς το μέρος της και έδειξε τη Ρόουζ: «Αυτό το κορίτσι πρέπει να βγει στο θέατρο».

Η Ρόουζ έδειξε να μπερδεύεται. «Η αλήθεια είναι πως δεν είμαι και πολύ καλή στο μπαλέτο...»

«Μπαλέτο; Όχι, όχι. Κωμική. Διασκεδάστρια». Ξανακοίταξε τη μαμά. «Αυτό το κορίτσι είναι το κάτι άλλο. Έπρεπε να την άκουγες!»

Η Ρόουζ κοίταξε τον μπαμπά καχύποπτα. «Ώστε... δεν αισθάνεστε άσχημα, που δεν αφήνετε την Τζαζ να παρακολουθήσει τις επιπλέον πρόβες;»

Ο μπαμπάς μου δεν φάνηκε να την ακούει. Απλώς, γέλασε λίγο ακόμα. «Ακούς εκεί, εξωγήινοι καρυοθραύστες!»

Τη μαμά την έπιασε νευρικό γέλιο.

Κοίταξα τη Ρόουζ. Το θάρρος της φαινόταν να την έχει εγκαταλείψει. Ξαφνικά, ένιωσα πολύ θυμωμένη με τον μπαμπά, που γελούσε έτσι, αγνοώντας εντελώς τι του είχε πει η Ρόουζ, ενώ εκείνη όλο και όλο που προσπάθησε να κάνει, ήταν να με βοηθήσει. Πήγα κοντά της και την αγκάλιασα.

«Έλα, Ρόουζ. Πάμε στο δωμάτιό μου. Σ' ευχαριστώ για την προσπάθεια», της ψιθύρισα, καθώς στρεφόμαστε για να φύγουμε.

Είχαμε φτάσει στα μισά της σκάλας όταν ξαφνικά απομακρύνθηκε από κοντά μου και σήκωσε ψηλά το κεφάλι της. «Δεν πειράζει, Τζαζ, μπορεί ο μπαμπάς σου να μη σ' αφήνει να κάνεις τις επιπλέον πρόβες, δεν μπορεί όμως να σε εμποδίσει να αγαπάς το μπαλέτο, έτσι δεν είναι;»

Γύρισα το κεφάλι μου, για να δω αν την είχε ακούσει ο μπαμπάς. Είχε το χέρι του πάνω στην πόρτα της κουζίνας και η μαμά τού έλεγε κάτι, κι έτσι πίστεψα ότι δεν θα άκουσε τίποτα. Αλλά μόλις φτάσαμε στην κορυφή, κοίταξα κάτω κι ένιωσα έκπληξη. Το χέρι του μπαμπά βρισκόταν ακόμα πάνω στην πόρτα της κουζίνας και παρατηρούσε τον τοίχο σαν χαμένος. Κατόπιν, στράφηκε προς τη μαμά και είπε: «Από μικρό κι από τρελό...»

Δεν είχα ιδέα τι ήθελε να πει, έτσι κι αλλιώς, όμως, δεν είχε σημασία. Ο μπαμπάς εξακολουθούσε να πιστεύει ότι ήξερε καλύτερα, κι έτσι δεν υπήρχε λόγος να το συζητήσουμε. Κι ακόμα, δεν υπήρχε περίπτωση να έρθει στην παράσταση. Τίποτα στον κόσμο δεν θα τον έκανε ν' αλλάξει γνώμη.

7 Η Μεγάλη Μέρα

Καθώς πλησίαζε η μέρα της παράστασης, η Πόπι, η Ρόουζ κι εγώ γινόμαστε όλο και πιο νευρικές. Τώρα, άλλωστε, υπήρχε κι άλλος ένας λόγος για να έχουμε τρακ. Η μις Κοραλί μάς είχε πει ότι είχε κανονίσει να έρθει, ως εξετάστρια, κάποια κυρία Μπερντ, η οποία στα νιάτα της ήταν επαγγελματίας χορεύτρια. Στο τέλος της παράστασης, θα μας απένειμε τα τρία ειδικά βραβεία.

Η Τάμσιν είχε σηκώσει πρώτη και καλύτερη το χέρι της: «Τα βραβεία αυτά θα είναι προσωπικά, μις Κοραλί;»

«Αυτό το άφησα στην κυρία Μπερντ, αλλά υποθέτω πως ναι. Θα λάβει υπόψη το επίπεδο της παράστασης, την τεχνική και –στην περίπτωση των μαθητριών της Τρίτης– και τη χορογραφία».

Ξαφνικά, ο νους μου πήγε πίσω στο μάθημα, όπου η μις Κοραλί είχε δει την Πόπι κι εμένα να χορεύουμε ντουέτο ολόκληρο το κομμάτι, με τη συνοδεία της μουσικής. Δεν είχαμε χορέψει και πάρα πολύ καλά γιατί είχαμε και οι δύο τρακ, αλλά, από το βλέμμα της μις Κοραλί, κατάλαβα ότι της είχε αρέσει. Στο τέλος είχε μείνει άφωνη για ώρα ατέλειωτη κι όταν επιτέλους μίλησε, η φωνή της ακούστηκε σαν ψίθυρος:

«Ήταν πραγματικά πανέμορφο».

Μόλις το είπε αυτό, ένιωσα έναν κόμπο στον λαιμό κι από κείνη τη στιγμή σταμάτησα να στενοχωριέμαι που δεν θα ’παιρνα μέρος στον χορό της *Ζωής*.

Έκανα συνεχώς πρόβες για την *«Αστροφεγγιά»*, μέχρι που πίστεψα ότι δεν μπορούσα να το χορέψω καλύτερα.

Η Τάμσιν μάς είχε πει στ’ αποδυτήρια ότι σε μια από τις πρόβες του χορού της *Ζωής*, η μις Κοραλί την έβαλε να δείξει σ’ όλα τα άλλα κορίτσια πώς να εκτελέσουν ένα συγκεκριμένο κομμάτι. Αυτή ήταν η μοναδική φορά που ζήλεψα, γιατί σκέφτηκα ότι στη θέση της Τάμσιν θα μπορούσα να είμαι εγώ. Αμέσως μετά, όμως, έδιωξα τις ανόητες σκέψεις ζήλιας από το μυαλό μου. Η Τάμσιν δεν έχανε ευκαιρία να επιδεικνύεται, ήταν όμως και εξαιρετική χορεύτρια. Όλες ήμαστε βέβαιες ότι θα έπαιρνε ένα από τα βραβεία της κυρίας Μπερντ.

Ο μπαμπάς δεν μου μίλησε ποτέ για εκείνο το περιστατικό με τη Ρόουζ, εγώ όμως ρώτησα τη μαμά τι σήμαινε «Από μικρό κι από τρελό...», γιατί δεν μπορούσα να βγάλω από το μυαλό μου αυτή τη φράση. Εκείνη μου εξήγησε ότι επρόκειτο για μια έκφραση που σήμαινε ότι μερικές φορές τα παιδιά –ακόμη και τα πολύ μικρά– μπορεί ν' αντιληφθούν μια απλή αλήθεια, που οι μεγάλοι δεν είναι σε θέση να καταλάβουν. Μιαδυο φορές είχα αναρωτηθεί ποια ακριβώς μπορούσε να είναι αυτή η απλή αλήθεια, αλλά τον περισσότερο καιρό ήμουν αναστατωμένη και είχα πολύ τρακ, περιμένοντας την ώρα της παράστασης, έτσι ώστε δεν μπορούσα να σκεφτώ οτιδήποτε άλλο. Και, ασχέτως του αν θα ερχόταν ή όχι, ο μπαμπάς ήταν εκείνος που κυριαρχούσε στις σκέψεις μου.

Τελικά, η μεγάλη μέρα έφτασε.

«Επιτέλους, ήρθε η ώρα. Δεν μπορώ να το πιστέψω», είπε η Πόπι πιάνοντάς μου σφιχτά τα χέρια.

Μπήκαμε στη σειρά, για να μας μακιγιάρουν. Τα κοστούμια μας ήταν υπέροχα. Φορούσαμε και οι δυο σκούρα μπλε κορμάκια με γυαλιστερό ασημί ρέλι στον λαιμό και ασορτί ελαστική ζώνη. Από τη ζώνη κρέμονταν κομμάτια ασημογάλανης μεταξωτής κορδέλας. Τα παπούτσια του χορού ήταν μαύρα. Είχαμε τραβήξει πίσω τα μαλλιά μας και φορούσαμε και οι δυο λεπτά, αστραφτερά στέμματα.

«Ένα χαμόγελο στον φακό!» είπε η Λότι, η οποία πηγαινοερχόταν στη σάλα και φωτογράφιζε όλο τον κόσμο.

Η Πόπι κι εγώ αγκαλιαστήκαμε από τους ώμους κι ενώσαμε τα κεφάλια, για τη φωτογραφία. Μόλις μας τράβηξε, η Λότι είπε: «Εσείς οι δυο, ξέρετε, δείχνετε πολύ ωραίες, επειδή η Τζασμίν είναι μελαχρινή και η Πόπι ανοιχτόχρωμη».

Η Πόπι κι εγώ δεν βρίσκαμε τι να πούμε, γι' αυτό εξακολουθήσαμε να χαμογελάμε και όταν έφυγε η Λότι, ενώσαμε τους αντίχειρές μας. Δεν θα μπορούσα να πω πόσες φορές το είχαμε κάνει αυτό την τελευταία ώρα, ενώ παράλληλα ετοιμαζόμαστε και κάναμε προθέρμανση. Από τη μια το κάναμε για καλή τύχη στον χορό μας, από την άλλη, με την ελπίδα ότι θα ερχόταν ο μπαμπάς μου. Η μαμά είχε έρθει μόνη της και είπε ότι ο μπαμπάς θα ερχόταν μόλις επέστρεφε από το συνέδριο.

Τα αποδυτήρια στο Πολιτιστικό Κέντρο ήταν μια μικρή αίθουσα, η οποία όμως χωρούσε όλες τις μικρές μαθήτριες της Τρίτης και κάμποσες από τις μεγαλύτερες. Αυτές που ήσαν από δεκατεσσάρων ετών και πάνω βρίσκονταν στον πρώτο όροφο, στην γκαρνταρόμπα, γιατί ήταν λιγότερες.

Οι μικρότερες είχαν ήδη αλλάξει και ήταν βαμμένες, μια κι εκείνες θα εμφανίζονταν πρώτες στη σκηνή. Τις είχαν συγκεντρώσει η δεσποινίς Ελεάνορ και η δεσποινίς Μελίσα, οι δυο άλλες δασκάλες στη σχολή της μις Κοραλί, και τις είχαν βάλει να περιμένουν στις κουίντες. Υπέθεσα ότι κάποιες απ' αυτές βρίσκονταν ήδη στις θέσεις τους πάνω στη σκηνή, πίσω από την τεράστια, βαριά, βελούδινη κουρτίνα. Και μόνο που το σκέφτηκα, ένα ολόκληρο σμήνος από πεταλούδες άρχισε να φτερουγίζει στο στομάχι μου. Η Ρόουζ βρισκόταν στην άλλη άκρη της σάλας κι έκανε πρόβα τον χορό της με τα άλλα δυο κορίτσια από το γκρουπ της. Μόλις μας έβαψαν, η Πόπι κι εγώ αρχίσαμε να περνάμε το πρώτο μέρος του δικού μας χορού.

«Πόπι! Το γόνατό σου δεν είναι τεντωμένο σ' αυτό το *rond de jambe*», είπε η Τάμσιν που εκείνη τη στιγμή έτυχε να περνάει από δίπλα μας.

Η Πόπι κοκκίνισε λιγάκι. Έτσι μου 'ρθε να πω στην Τάμσιν να κοιτάζει τη δουλειά της, αλλά δεν τόλμησα. Επιτέλους, η μις Κοραλί μπήκε στην αίθουσα.

«Για ακούστε εδώ!» είπε χτυπώντας παλαμάκια. «Για κοιτάξτε με λίγο, παρακαλώ». Δεν χρειαζόταν να μας το πει. Στεκόμαστε ήδη σιωπηλές, περιμένοντας ν' ακούσουμε τις οδηγίες της. «Σε λιγότερο από πέντε λεπτά, η παράσταση αρχίζει. Από αυτή τη στιγμή και στο εξής, θα μιλάμε μόνο ψιθυριστά, γιατί αν κουβεντιάζουμε δυνατά, θα ακουγόμαστε έξω. Έριξα μια ματιά μέσα απ' την κουρτίνα και η αίθουσα είναι κατάμεστη».

Όλες μας κουνήσαμε το κεφάλι με τρακ. «Τρία λεπτά πριν έρθει η σειρά σας, θα σας φωνάξω εγώ η ίδια, η μις Μελίσα ή η μις Ελεάνορ. Λίγο πριν ξεκινήσετε, πάρτε αργά δυο-τρεις βαθιές εισπνοές και συγκεντρωθείτε απόλυτα πάνω σ' αυτό που πρόκειται να κάνετε. Κατόπιν, προσπαθήστε να φανταστείτε ότι ανοίγετε φτερά κι ετοιμάζεστε να πετάξετε πάνω από την Υφήλιο».

Με το που είπε αυτές τις λέξεις η μις Κοραλί, η καρδιά φούσκωσε στο στήθος μου. Ήξερα τι ακριβώς εννοούσε. Τώρα πια, δεν έβλεπα την ώρα να βρεθώ πάνω στη σκηνή. Δεν έβλεπα την ώρα, στ' αλήθεια.

8 Ανοίγοντας Φτερά

«Η σειρά σου, Ρόουζ», είπε η μις Κοραλί. «Πάρε μια βαθιά εισπνοή».

Για πρώτη φορά, η Ρόουζ περπάτησε εντελώς αθόρυβα στις μύτες κι έφτασε στο μπροστινό μέρος της σκηνής, ακριβώς στο κέντρο. Η Πόπι βρισκόταν στην απέναντι κουίντα και πίσω από εμένα. Ανταλλάξαμε χαμόγελα με τρεμάμενα χείλη κι ύστερα οι βαριές κουρτίνες άνοιξαν αργά, ενώ η φωνή της Ρόουζ αντήχησε σ' ολόκληρη την αίθουσα.

Σκοτείνιασε ο ουρανός
κι η φύση ησυχάζει

γύρω γαλήνη απλώνεται
κι οι άνθρωποι κοιμούνται.

Ποιος έχει τάχα δύναμη
τη σκοτεινιά να διώξει
κι έπειτα, αργά και απαλά,
τη χαραυγή να υφάνει;

Ψηλά στον μαύρο ορίζοντα
λαμπρό φέγγει ένα αστέρι
θαρρείς και μ' ασημόσκονη
τον κόσμο θα ραντίσει.

Μα εγώ ένα χέρι αναζητώ
να 'ρθει να με βοηθήσει.
Μ' αγγίζει και φεγγοβολώ,
γίνομαι εγώ τ' αστέρι...
Και παίρνει τέλος η νυχτιά
κι η μοναξιά μαζί της...

Αυτό ήταν! Μέσα σε μια στιγμή, το ποίημα είχε τελειώσει. Η Ρόουζ στεκόταν εντελώς ακίνητη, κι εγώ άκουγα τον κόσμο να χειροκροτεί και την καρδιά μου να βροντοχτυπάει στο στήθος μου. Κάπου εκεί έξω στο σκοτάδι, βρισκόταν η μαμά – ίσως κι ο μπαμπάς. Ίσως... Αυτό όμως δεν μπορούσα να το ξέρω, γιατί δεν γινόταν να χορεύω και συγχρόνως να ψάχνω. Χώρια που η αίθουσα ήταν εντελώς σκοτεινή και δεν θα μπορούσα να τον διακρίνω.

Όταν είδα τη Ρόουζ να φεύγει προς την μπροστινή πτέρυγα, πήρα δυο βαθιές εισπνοές. Ύστερα, αμέσως μόλις ξεκίνησε η μουσική, σηκώθηκα σαν μαγεμένη στις μύτες των ποδιών μου. Θα πρέπει να ήμουν μαγεμένη γιατί δεν θυμάμαι να δίνω εγώ οδηγίες στον εαυτό μου τι να κάνει. Έτρεξα στις μύτες των ποδιών μέχρι την απέναντι μπροστινή γωνία της σκηνής και έπεσα στα γόνατα, γνωρίζοντας, χωρίς να κοιτάζω, ότι και η Πόπι θα έκανε ακριβώς το ίδιο, τέσσερις χρόνους αργότερα, ξεκινώντας από τη δική της θέση στη σκηνή. Από τη στιγμή εκείνη και μετά, ένιωθα σαν να *ήμουν* πραγματικά ένα μοναχικό αστέρι στον ουρανό.

Μου έφυγε εντελώς το τρακ, ένιωθα ευέλικτη και δυνατή και συγχρόνως ελαφριά σαν πούπουλο. Και χόρευα, χόρευα όπως δεν είχα χορέψει ποτέ ξανά στη ζωή μου.

Και παρόλο που ήξερα ότι δίπλα μου χόρευε η Πόπι, εγώ δεν έβλεπα παρά ένα άλλο μοναχικό αστέρι, που στροβιλιζόταν και ορμούσε στη βαθιά μαύρη νύχτα.

Καθώς η μουσική τελείωνε, με μια σειρά από λαμπερές νότες να πλημμυρίζουν τον αέρα, μείναμε ακίνητες στην τελική μας στάση, μπροστά στο κέντρο της σκηνής.

Κοιτούσα προς τα δεξιά και η Πόπι προς τα αριστερά. Αυτό ήταν και το δυσκολότερο απ' όλα. Η καρδιά μου χτυπούσε δυνατά από την ένταση που είχα βάλει στον χορό και την προσπάθειά μου να τον κάνω να φαίνεται απαλός, απλός και ρευστός. Και τώρα, έπρεπε να ισορροπήσουμε στο μπροστινό μας πόδι και να υψώσουμε το πίσω σ' ένα χαμηλό *arabesque*. Είχα τόσα να σκεφτώ – να σταματήσω, να μη λυγίζω το πόδι πάνω στο οποίο στηριζόμουν, να κρατώ ίσια την πλάτη, να μη γλιστρήσω, να είμαι στοιχισμένη, να μη σκύβω πολύ μπροστά, να κρατιέμαι στις μύτες, να μην ανασηκώνω τους ώμους, να γέρνω το κεφάλι, έτσι ώστε να αντικρίζει το κοινό...

Ξαφνικά, όμως, δεν μπορούσα ν' αντισταθώ άλλο. Έπρεπε να κοιτάξω. Τα μάτια μου κινήθηκαν γρήγορα πάνω στις σειρές των θεατών που χαμογελούσαν, χειροκροτώντας αδιάκοπα. Μπόρεσα να δω αμέσως τη μαμά, αλλά το διπλανό της κάθισμα ήταν άδειο. Μεμιάς, αισθάνθηκα έτοιμη να καταρρεύσω. Τελικά, ο μπαμπάς δεν είχε έρθει. Κατέβασα το πόδι μου και το ίδιο έκανε κι η Πόπι. Είχαμε συνεννοηθεί να κρατηθούμε όση ώρα αντέχαμε και μόλις σταματούσε η πρώτη, θα έκανε το ίδιο και η άλλη. Συνήθως, η Πόπι ήταν εκείνη που εγκατέλειπε πρώτη. Αυτή τη φορά, όμως, ήμουν εγώ. Δεν είχα κουράγιο να κρατηθώ ούτε δευτερόλεπτο παραπάνω.

Καθώς σηκωνόμαστε για να κάνουμε υπόκλιση, τα μάτια μου έτρεξαν γρήγορα στο πίσω μέρος του κοινού – κι εκεί πίσω, ολόρθος, μ' ένα χαμόγελο περηφάνιας στα χείλη, βρισκόταν ο μπαμπάς μου. Συνάντησε το βλέμμα μου, και μου έγνεψε δυο φορές με τους αντίχειρες προς τα πάνω. Μετά, ξέσπασε πάλι σε χειροκρότημα παρασύροντας και τους άλλους. Όλη μου η ενέργεια ξαναγύρισε και το αίμα άρχισε να κυλάει πάλι στις φλέβες μου. Ευχόμουν να μπορούσα να επαναλάβω τον χορό από την αρχή, μόνο που αυτή τη φορά θα έμενα στο *arabesque* μου για πάντα. Ο μπαμπάς με είχε δει να χορεύω και αισθανόταν περήφανος για μένα.

Η Πόπι κι εγώ κάναμε μια βαθιά υπόκλιση και κατόπιν οι κουρτίνες έκλεισαν θροΐζοντας μπροστά μας.

9 Τα Βραβεία

Καθόμαστε όλες πάνω στη σκηνή, με μέτωπο προς το κοινό. Η παράσταση είχε τελειώσει και η κυρία Μπερντ είχε ανέβει κι εκείνη στη σκηνή. Πριν από λίγο καθόταν στην τρίτη σειρά, ακριβώς στο κέντρο. Τώρα πια, ο μπαμπάς είχε έρθει στη θέση του, δίπλα στη μαμά. Τους έγνεψα από μακριά και μετά έστρεψα την προσοχή μου στην κυρία Μπερντ. «Το 'ξερα ότι αυτή θα είναι ο κριτής», ψιθύρισε η Τάμσιν πίσω από την πλάτη μου. «Την κατάλαβα με την πρώτη ματιά».

Δεν γύρισα να δω προς τα πίσω, γιατί η κυρία Μπερντ ετοιμαζόταν να μιλήσει. Ήταν στραμμένη η μισή προς τα εμάς και η μισή προς το κοινό, για να μπορεί να απευθύνει τον λόγο συγχρόνως προς όλους.

«Σιωπή!» έκανε η Ρόουζ.

Η Τάμσιν όμως *δεν σώπασε.* «Μου κάνετε λίγο χώρο, κορίτσια;» ρώτησε. «Από 'δώ πίσω δεν βλέπω καλά».

Όσο στεκόμαστε όρθιες δεν ήμαστε στριμωγμένες, καθιστές όμως πιάναμε περισσότερο χώρο. Η Τάμσιν χώθηκε ανάμεσα σε μένα και τη Λότι.

Γονάτισε με την πλάτη όρθια, κόβοντας τη θέα στα κορίτσια που βρίσκονταν πίσω της.

Η κυρία Μπερντ καλωσόρισε το κοινό και είπε πως αισθανόταν μεγάλη τιμή που της είχαν αναθέσει το έργο του κριτή. Μίλησε για την καινούρια αίθουσα και την υπέροχη σκηνή και για το πώς εμείς, με τον ωραίο μας χορό, την κάναμε να μοιάζει με κανονικό θέατρο. Κατόπιν, μας είπε ότι θα ανακοίνωνε ποιες είχαν κερδίσει τα τρία βραβεία.

«Δυσκολεύτηκα πολύ να διαλέξω μόνο τρία άτομα και μου ήταν κυριολεκτικά αδύνατον να διαλέξω μεμονωμένα άτομα από τα μικρότερα γκρουπ, ειδικά στην περίπτωση ομάδων που δούλεψαν πολύ στενά...

»Το πρώτο βραβείο που θα δώσω είναι αυτό που μου... ταιριάζει περισσότερο, γιατί τα τρία κορίτσια τα οποία αφορά, εκτέλεσαν έναν χορό ο οποίος μοιάζει να φτιάχτηκε ειδικά για μένα...» Χαμογέλασε μ' ένα πλατύ χαμόγελο: *«Ο Χορός των Πουλιών»**.

»Συγχαρητήρια στις: Μίλι Λάντον, Φοίβη Ράιτ και Ρέιτσελ Γουόρντερ».

Καθώς η Μίλι, η Φοίβη και η Ρέιτσελ σηκώθηκαν και πλησίαζαν προς την κυρία Μπερντ, ξεσπάσαμε όλοι σε χειροκροτήματα.

Η μις Κοραλί πρέπει να είχε δώσει οδηγίες στις μικρές, σχετικά με το τι να κάνουν σε περίπτωση που κερδίσουν το βραβείο, γιατί και οι τρεις τους υποκλίθηκαν με χάρη. Μάλιστα, ανάμεσα στο κοινό, υπήρξαν κάποιες κυρίες που έβγαλαν επιφωνήματα θαυμασμού.

---

*Η αγγλική λέξη Bird, που είναι και το όνομα της δασκάλας, σημαίνει στα ελληνικά «πουλί». Γι' αυτό και αναφέρεται κατ' αυτό τον τρόπο στον «Χορό των Πουλιών» (Σημ.τ.Μετ.)

«Αυτό, όμως, δεν είναι παρά ένα από τα βραβεία, έτσι δεν είναι;» σφύριξε η Τάμσιν στ' αφτί μου. «Έτσι κι αλλιώς, υπάρχουν ακόμα άλλα δύο».

Κούνησα καταφατικά το κεφάλι, χωρίς να γυρίσω καν να την κοιτάξω. Είχε σταματήσει πια να χειροκροτεί και τεντωνόταν, για να δει καλύτερα.

«Το δεύτερο βραβείο, επέλεξα να το δώσω σ' ένα και μόνο άτομο», είπε η κυρία Μπερντ. «Πρόκειται για ένα κορίτσι, το οποίο είμαι βέβαιη ότι θα φτάσει πολύ ψηλά. Θέλω να θυμόσαστε τ' όνομά της, γιατί πιστεύω ότι κάποια μέρα θα την καμαρώσουμε πάνω στη σκηνή».

Η κυρία Μπερντ έκανε μια μεγάλη παύση.

«Πάω στοίχημα ότι είναι η Κάτι», μου ψιθύρισε η Πόπι.

«Ή η Τάμσιν», της απάντησα εγώ.

«Κάτι Ντένβερ, πλησίασε, σε παρακαλώ, να παραλάβεις το βραβείο σου».

Καθώς η Κάτι σηκωνόταν αργά, ακούστηκαν επευφημίες. Μπορεί να είναι δεκατεσσάρων ετών αλλά είναι πολύ ντροπαλή και καταλάβαινες ότι αισθανόταν αμηχανία, γιατί την ώρα που περπατούσε προς την κυρία Μπερντ κρατούσε χαμηλά το βλέμμα. Χειροκροτούσα τόσο δυνατά, που πόνεσαν τα χέρια μου, η Τάμσιν, όμως, μόλις που χτυπούσε τις παλάμες. Ήθελε, φαίνεται, να προχωρήσουν στο τελευταίο βραβείο.

Η Κάτι έδωσε το χέρι στην κυρία Μπερντ και έκανε μια σύντομη υπόκλιση.

Φαινόταν πλημμυρισμένη από ευγνωμοσύνη. Συμφωνούσα με αυτό που είχε πει η κυρία Μπερντ. Κάποια μέρα, η Κάτι θα γινόταν πραγματική μπαλαρίνα. Την ώρα που την έβλεπα να χορεύει, σκεφτόμουν ότι εγώ δεν είχα σχεδόν καμιά ελπίδα να πραγματοποιήσω τ' όνειρό μου, να γίνω μπαλαρίνα.

«Το τελευταίο βραβείο, θα το απονείμω επίσης σε ένα γκρουπ», συνέχισε η κυρία Μπερντ.

«Γκρουπ; Δεν φαντάζομαι να δώσει το βραβείο σε *όλες* όσες πήραν μέρος στον χορό της *Ζωής!*» ψιθύρισε έντονα η Τάμσιν.

«Σσσς», έκανε η Ρόουζ.

«Πρόκειται, πράγματι, για ένα γκρουπ με πολύ ταλέντο». Έριξε μια ματιά σε όλες μας και μου φάνηκε ότι τα μάτια της στάθηκαν πάνω στην Τάμσιν. Μετά, όμως, πρέπει να είπε λάθος λόγια: «Και μάλιστα, για ένα πολύ μικρό γκρουπ! Συγχαρητήρια στις Πόπι Βέρνον και Τζασμίν Έιντ!»

Ξεροκατάπια.

«Πφ!» έκανε η Τάμσιν περιφρονητικά.

Δεν μπορούσα να σαλέψω. Καθόμουν ακίνητη, σαν μέσα σε όνειρο. Δεν ήταν δυνατόν να εννοούσε εμάς. Και η Τάμσιν;

Η Πόπι, όμως, ήταν ήδη όρθια. «Έλα, λοιπόν!» μου ψιθύρισε. Τα μάγουλά της είχαν κοκκινίσει. «Εμάς εννοεί!»

«Άντε, λοιπόν, Τζαζ!» είπε η Ρόουζ, χτυπώντας με δυνατά στην πλάτη. «Φίρμες μου, εσείς!»

Η Πόπι κι εγώ πλησιάσαμε την κυρία Μπερντ, της δώσαμε τα χέρια, όπως ακριβώς είχε κάνει και η Κάτι, και την ώρα που το κοινό άρχισε να χειροκροτεί, κάναμε την ίδια σύντομη υπόκλιση.

Από κοντά, η κυρία Μπερντ φαινόταν πολύ μικροκαμωμένη. Παρόλο που φορούσε τακούνια, μόλις που με περνούσε λιγάκι στο ύψος.

Το βλέμμα μου κόλλησε στα τεράστια ζυγωματικά της. Είχε ένα πρόσωπο σαν καρδιά, με δυο σκούρα μάτια στο κέντρο. Οι βλεφαρίδες της ήταν πυκνές και γυριστές.

«Αγαπητά μου κορίτσια, θερμά συγχαρητήρια», είπε ψιθυριστά. «Πείτε μου, όμως, εσείς γράψατε και το ποίημα;»

«Η Πόπι», απάντησα.

«Καταπληκτικό. Θα μπορούσα να έχω ένα αντίγραφο;»

Γνέψαμε καταφατικά, ενώ δεν σταματούσαμε να χαμογελάμε. Το όνειρό μου να γίνω μπαλαρίνα, είχε βγει αληθινό!

10 Εγώ και ο Μπαμπάς μου

Μόλις η Πόπι, η Ρόουζ κι εγώ αλλάξαμε, διασχίσαμε τη σκηνή και κατεβήκαμε τα μπροστινά σκαλιά, για να βρούμε τους γονείς μας. Ένιωσα παράξενα, καθώς έβγαινα από την κουρτίνα και δεν είδα κοινό. Είχαν μετακινήσει όλες τις καρέκλες στα πλάγια κι ο κόσμος είχε σκορπιστεί και κουβέντιαζε.

Εντόπισα αμέσως τη μαμά που μιλούσε με τις μαμάδες της Πόπι και της Ρόουζ, αλλά δεν μπορούσα να βρω τον μπαμπά. Μετά, με σκούντησε η Πόπι και ακολουθώντας το βλέμμα της, τον είδα να στέκεται μόνος σε μια άκρη και να κοιτάζει το πρόγραμμα.

«Πόπι, θα σε δω σε λίγο».

Πηγαίνοντας προς το μέρος του, για κάποιο λόγο ένιωσα ντροπή, αλλά μόλις μου χάρισε ένα πλατύ χαμόγελο, η ντροπή μου εξαφανίστηκε.

«Πρόλαβες να με δεις σ' ολόκληρο τον χορό;»

«Να σου πω την αλήθεια... δεν είμαι βέβαιος».

Αισθάνθηκα σαν να μου 'ριξαν μια μαχαιριά.

«Είχα την εντύπωση ότι έβλεπα κάποια άλλη να χορεύει... Κάποια από τη Βασιλική Ακαδημία Χορού». Μου έκλεισε το μάτι και έδειξε το πρόγραμμα: «Εδώ μέσα, ωστόσο, γράφει Τζασμίν Έιντ, οπότε υποθέτω ότι θα πρέπει να ήσουν εσύ».

Ένιωσα να πλημμυρίζω από ευτυχία. Ο μπαμπάς *πραγματικά* πίστευε ότι ήμουν καλή.

«Γλυκιά μου», είπε, φιλώντας με στο μέτωπο. «Είμαι πολύ περήφανος για σένα».

Εκείνη τη στιγμή, έφτασε και η μαμά με την Πόπι, τη Ρόουζ και τις μαμάδες τους. Μετά από ένα λεπτό, ακολούθησε και η κυρία Μπερντ.

Χαμογέλασε πλατιά και άρχισε να μας λέει για τέσσερα εισιτήρια που της είχε στείλει η κόρη της, για να πάει να την δει να χορεύει σ' ένα μπαλέτο με τον ονομασία *«Ρόντα»*, στο Σάντλερς Γουέλς.

«Σκόπευα να πω στην άλλη μου κόρη να έρθει με τον άντρα της και το κοριτσάκι τους», είπε η κυρία Μπερντ. «Αλλά εκείνοι έχουν δει την Άννα να χορεύει πάρα πολλές φορές, οπότε η προσφορά δεν θα τους κάνει και τόση εντύπωση...»

Δεν μπορούσα να μην την διακόψω. Έπρεπε να μάθω. «Μη μου πείτε ότι μιλάτε για την Άννα Λέιν...»

Στο πρόσωπο της κυρίας Μπερντ απλώθηκε ένα αστραφτερό χαμόγελο. «Γι' αυτήν ακριβώς μιλάω. Ώστε, γνωρίζετε την κόρη μου;»

Η Πόπι κι εγώ κοιταχτήκαμε με γουρλωμένα μάτια.

«Σκέφτηκα, λοιπόν, μήπως εσείς οι τρεις θέλατε να έρθετε μαζί μου, να παρακολουθήσετε το μπαλέτο. Είμαι βέβαιη ότι η Άννα θα χαρεί πολύ να σας ξεναγήσει στα παρασκήνια, μετά την παράσταση. Είναι για τις δεκαεννιά του επόμενου μήνα».

Αρχίσαμε όλες μαζί, σαν παλαβές, να ευχαριστούμε την κυρία Μπερντ. Ο μπαμπάς, όμως, κοίταζε τη μαμά συνοφρυωμένος. «Αυτό δεν είναι το Σαββατοκύριακο που μας έχει καλέσει η μητέρα σου στο Παρίσι;»

Το ήξερα ότι κάτι θα πήγαινε στραβά. Πάντα κάτι στραβώνει. Κατέβασα το κεφάλι μου, ενώ η καρδιά μου σφίχτηκε από στενοχώρια.

«Δηλαδή, δεν γίνεται να πάω;» ρώτησα μουδιασμένη.

«Φοβάμαι πως...», άρχισε να λέει ο μπαμπάς. Ξαφνικά, όμως, σταμάτησε και κοίταξε τη Ρόουζ που είχε καρφώσει τα μάτια της επάνω του. Μισόκλεισε τα μάτια του σαν κάτι να θυμήθηκε, κι ύστερα στράφηκε πάλι προς το μέρος μου.

«Έχω την εντύπωση ότι μπορούμε να εξηγήσουμε στη γιαγιά πως προέκυψε κάτι πολύ σημαντικό, και να δούμε πώς μπορούμε να το ρυθμίσουμε διαφορετικά».

Η Ρόουζ και η Πόπι αλληλοκοιτάχτηκαν με γουρλωμένα μάτια.

«Θες να πεις ότι μπορώ να πάω;» είπα τελικά.

Ο μπαμπάς έγνεψε καταφατικά. Μου χαμογελούσε μ' ένα παράξενο χαμόγελο.

«Θα πρέπει να είσαστε πολύ περήφανος για την Τζασμίν», είπε η κυρία Μπερντ. «Έχει ταλέντο, όχι μόνο στον χορό, αλλά και στη χορογραφία». Χτύπησε το χέρι του μπαμπά, σαν να είχε να κάνει μ' ένα μικρό παιδί: «Θα πάει πολύ μπροστά. Είμαι σίγουρη γι' αυτό».

Τώρα πια, οι τρεις μαμάδες ήταν εντελώς απορροφημένες στην κουβέντα τους. Η Πόπι, η Ρόουζ κι εγώ κοιτούσαμε την ασημένια πλακέτα που είχαμε κερδίσει εγώ κι η Πόπι. Ο μπαμπάς είχε χαμηλώσει το βλέμμα στο πάτωμα και, παρόλο που μιλούσε ψιθυριστά, εγώ μπόρεσα ν' ακούσω τι περίπου έλεγε στην κυρία Μπερντ.

«Τελευταία, κατάλαβα πως αν κάποιος αγαπάει κάτι μ' όλη του την καρδιά, δεν υπάρχει τίποτα και κανένας στον κόσμο που να μπορεί να τον σταματήσει». Τα λόγια του αυτά με συγκλόνισαν. Η Ρόουζ, η Πόπι κι εγώ, κοιταχτήκαμε μ' ανοιχτό στόμα. «Και σήμερα το απόγευμα, την ώρα που καθόμουνα στο πίσω μέρος της πλατείας, συνειδητοποίησα κάτι ακόμα. Αν κάποιος αγαπάει κάτι τόσο πολύ, για ποιο λόγο να θέλει ο οποιοσδήποτε να τον εμποδίσει;»

«Πολύ σοφή κουβέντα, κύριε Έιντ», είπε η κυρία Μπερντ, χτυπώντας τον και πάλι απαλά στο χέρι.

«Έεε... *γιατρέ* Έιντ... η αλήθεια είναι», είπε η Ρόουζ κάνοντας ένα βήμα μπροστά.

«Ω! Συγγνώμη...», άρχισε να λέει η κυρία Μπερντ.

«Παρακαλώ!» είπε ο μπαμπάς.

Ύστερα, άπλωσε το χέρι του προς το μέρος μου κι εγώ χώθηκα στη αγκαλιά του, ενώ εκείνος μου χάιδευε τον ώμο.

Μου 'ρχόταν ν' αρχίσω να χορεύω γύρω γύρω στη σάλα και να τραγουδάω μ' όλη τη δύναμη της φωνής μου, αλλά δεν ήθελα να ξεκολλήσω από κοντά του. Έτσι, χαμογέλασα στις φίλες μου, κι αυτές με πλησίασαν για να κάνουμε τη γνωστή κίνηση με τους αντίχειρες. Μόνο που αυτή τη φορά δεν θα ήταν για να κάνουμε μια ευχή, αλλά για να φωνάξουμε *«Ζήτωωω!»*

Βασικές «Positions» στο Μπαλέτο

Πρώτη position

Δεύτερη position

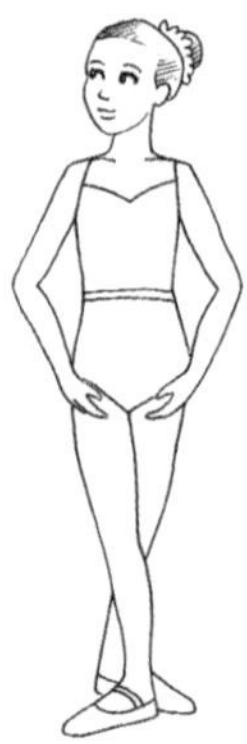

Τρίτη position

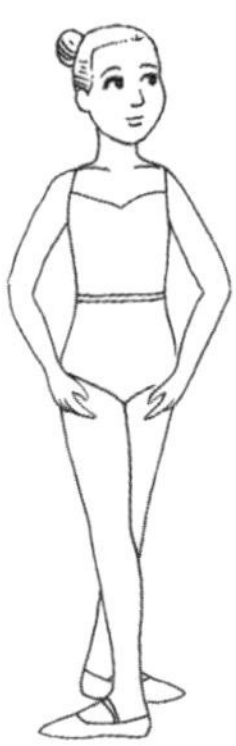

Τέταρτη position

Πέμπτη position

Οι λέξεις που χρησιμοποιούμε στο μπαλέτο, είναι κυρίως γαλλικές, κι αυτό τούς δίνει μια ιδιαίτερη γοητεία. Όταν, όμως, κάποιος είναι μαθητής, καλό είναι να γνωρίζει και την ακριβή τους έννοια. Οι λέξεις που ακολουθούν, είναι μερικές από εκείνες που όλες οι μαθήτριες της μις Κοραλί (και όχι μόνο!) οφείλουν να γνωρίζουν:

adage *(ή και adagio, στα ιταλικά): Η ονομασία για τα αργά βήματα στο κέντρο της αίθουσας, μακριά από την μπάρα.*

arabesque: *Το να ισορροπεί κανείς όμορφα, πάνω στο ένα μονάχα πόδι.*

assemblé: *Πήδημα, που στο τέλος του, τα πόδια ενώνονται.*

battement dégagé: *Άσκηση για τα πόδια, στην μπάρα, για να μάθεις να στέκεσαι καλά στις μύτες των ποδιών σου.*

battement tendu: *Άλλη μια άσκηση των ποδιών, κατά την οποία πρέπει να τεντώσεις το πόδι σου, μέχρις ότου είναι εντελώς ίσιο.*

chassé: *Το απαλό γλίστρημα πάνω στα πόδια, σαν να κάνεις σκι.*

echappé: *Αυτό δεν περιγράφεται με λόγια, πάντως είναι σαν να θέλει το ένα πόδι σου να το «σκάσει» από το άλλο!*

πέμπτη position croisé: *Όταν –για παράδειγμα– κοιτάζεις την αριστερή γωνία, με τα πόδια σου στην πέμπτη position, και έχεις μπροστά το δεξί σου πόδι.*

fouetté: *Αυτό το βήμα είναι τόσο γρήγορο, που τα πόδια σου σχεδόν δεν φαίνονται! Είναι το βήμα που σε προετοιμάζει για τις πιρουέτες.*

grand battement: *Μεγάλο λάκτισμα (κλοτσιά!)*

jeté: *Αναπήδηση (πηδηματάκι) με το οποίο «πέφτεις» στο αντίθετο πόδι. (Το αγαπημένο της Ρόουζ!)*

pas de bourrée: *Μικρά βηματάκια στο πλάι, σαν να είσαι ποντίκι.*

pas de chat: *Όταν πηδάς σαν γάτα, από το ένα πόδι στο άλλο.*

plié: *Αυτό, είναι το βήμα με το οποίο αρχίζουμε το μάθημα. Λυγίζουμε αργά τα γόνατά μας, βεβαιωνόμαστε ότι τα πόδια μας είναι στραμμένα εντελώς προς τα* έξω, με τις φτέρνες κολλημένες στο πάτωμα, και μένουμε εκεί όσο περισσότερη ώρα αντέχουμε.

port de bras: Κινήσεις των χεριών, που τις κάνει πολύ καλά η Πόπι.

révérence: Η υπόκλιση, στο τέλος του μαθήματος.

rond de jambe: Εδώ κάνεις έναν κύκλο με το πόδι σου.

sissonne: Βήμα «ψαλίδι».

sissonne en arrière (Sissonne προς τα πίσω): Βήμα ψαλίδι, προς τα πίσω. Είναι, στ' αλήθεια, πολύ δύσκολο!

sissonne en avant (Sissonne προς τα μπρος): Βήμα ψαλίδι, προς τα μπρος.

soubresaut: Αναπήδηση πάνω στα δύο πόδια, με τεντωμένες πολύ καλά τις μύτες τους στον αέρα.

temps levé: Κάνεις ένα βήμα, σηκώνεις σέρνοντας το άλλο πόδι και μετά πηδάς.

En dehors (στα αγγλικά turnout): Στέκεσαι με τα πόδια, τις πατούσες και τους γοφούς ανοιχτούς, έτσι ώστε να δείχνουν προς τα έξω και όχι προς τα μπρος. Αυτό είναι το πρώτο και πιο σημαντικό πράγμα που χρειάζεται να μάθει κανείς, όταν ξεκινάει μαθήματα μπαλέτου.

Θέλω να γίνω Μπαλαρίνα

Το κρυφό όνειρο της Πόπι

Η Πόπι λατρεύει στ' αλήθεια το μπαλέτο. Η μεγαλύτερή της λαχτάρα είναι να γίνει μπαλαρίνα. Επίσης, κρυφή της επιθυμία είναι να την διαλέξει η μις Κοραλί, η δασκάλα του μπαλέτου, για να χορέψει ζευγάρι με την καλύτερή της φίλη, την Τζασμίν. Η Πόπι προσπαθεί φιλότιμα την ώρα του μαθήματος, αλλά στο στομάχι της φτερουγίζουν πεταλούδες από την αγωνία. Όπου, ξαφνικά, η πόρτα ανοίγει απότομα και μπαίνει με φούρια μια νέα μαθήτρια, η Ρόουζ.

Κι από 'δώ και πέρα, όλα αλλάζουν μ' έναν τρόπο μαγικό...

Ο θησαυρός του μπαλέτου

Μια μαγική εισαγωγή στον κόσμο του μπαλέτου για κάθε παιδί που ονειρεύεται να το χορέψει. Ταξιδεύει τους αναγνώστες από τα πρώτα χορευτικά βήματα μέχρι το συναρπαστικό κόσμο της παράστασης. Ο πανέμορφος αυτός θησαυρός περιέχει επίσης έξι από τις πιο αγαπημένες ιστορίες μπαλέτου.

Πραγματική έμπνευση, το βιβλίο αυτό είναι ο τέλειος σύντροφος του χορευτή. Πανέμορφες φωτογραφίες απεικονίζουν σκηνές από διάσημες παραστάσεις μπαλέτου, ενώ η εμπνευσμένη αφήγηση ζωντανεύει μαγευτικές ιστορίες και συναρπαστικούς ήρωες. Κάθε ιστορία δημιουργεί τη μαγική ατμόσφαιρα μιας πραγματικής παράστασης.